お菓子をつくる

季節を楽しむ 82 レシピ

本間節子

はじめに　　お菓子づくりを仕事にして20数年、今も変わらず、お菓子をつくっています。
子どもの頃、人が集まる日や家族の誕生日には、母のショートケーキやシュークリームがあって、
お菓子をつくる母のそばでいつもワクワクしていました。

黙々とお菓子を焼いて、仕上げる。ひたすらつくる、その集中する時間が好きです。
お菓子づくりの先にはいつもたくさんの笑顔があって、すがすがしい、やさしい気持になれます。
だから続けられるのだと思っています。

大切にしていることは、「季節を楽しむ」ということ。
その季節に収穫されるおいしい果物、その季節に体が欲する食材や温度。
お菓子づくりが生活の中で自然と寄り添うものであることに、
始めた頃も今もずっとときめき、楽しくてしかたありません。

『まいにちのお菓子づくり』を発売してから約10年。
この本では、今もつくり続けているレシピに、
新しく仲間に入れたいお菓子を32ページ分加えました。
今回も家にある器や布を使って撮影し、イラストを描きました。

お菓子づくりを楽しみたい。季節を、暮らしを楽しみたい。
そう思ってこの本を手にとっていただけたなら、この上ない喜びです。

本間節子

もくじ

- 大さじ1＝15㎖、小さじ1＝5㎖です。
- 卵はLサイズ（正味55～60g）を使用しています。
- 砂糖はレシピに特に表記のない場合、上白糖または
  グラニュー糖を使います。
- オーブンの加熱温度と時間は、電気オーブンの場合
  の目安です。お手持ちのオーブンに合わせて調節し
  てください。ガスオーブンの場合は温度を10～20度
  下げます。
- 電子レンジの加熱時間は600Wの場合の目安です。
  500Wの場合は時間を1.2倍にしてください。

春のお菓子

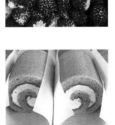

ピンクのいちご生地に、春を感じるお菓子です。

いちごのババロア

材料（5人分）

いちご …… 正味180g

砂糖 …… 50g

板ゼラチン …… 3g

冷水 …… 適量

牛乳 …… 大さじ2

生クリーム …… 100㎖

飾り用のいちご …… 適量

生クリーム …… 適量

飾り用のハーブ …… 適量

準備

・ゼラチンは冷水に浸し、やわらかくなったら水気を絞り（p.165参照）、小さなボウルに入れる。

・いちごは洗って水気をきり、へたをとる。

1 いちごはすりおろして（またはフォークでつぶして）ピュレ状にし（A）、ボウルに入れる。

2 砂糖を加え、ゴムべらで混ぜる。

3 ゼラチンの入ったボウルに牛乳を加え、湯せんにかけて溶かす。

4 **2**に**3**を加え（B）、ゴムべらで混ぜ、ボウルの底を氷水に当てて冷やす（C）。

5 生クリームは六分立てにし（p.164参照）、**4**に2回に分けて加え（D）、ゴムべらで混ぜる。

6 器にスプーンで入れ（E）、ラップをかけて冷蔵室で2時間以上冷やし固める。いちごや泡立てた生クリーム、ハーブを飾る。

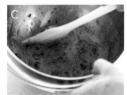

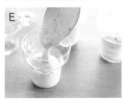

　　　　　いちごのショートケーキ　　いちごの季節に何度でも楽しみたいケーキ。

いちごのショートケーキ

材料(底のとれる直径15cmの丸型1台分)

[スポンジ生地]

卵 …… 2個

砂糖 …… 60g

薄力粉 …… 60g

バター(食塩不使用) …… 15g

サラダ油(あれば米油) …… 小さじ2

[シロップ]

水 …… 50㎖

砂糖 …… 20g

好みのリキュール …… 少々
(フランボワーズ、キルシュなど)

生クリーム …… 250㎖

砂糖 …… 20g

いちご …… 1〜1.5パック

飾り用のハーブ …… 適量

準備

・オーブンを170度に予熱する。

・バターとサラダ油を合わせて湯せんに
かけて溶かし、冷めないように温めて
おく(p.165参照)。

1 スポンジ生地を作る。ボウルに卵と砂糖を入れ、ハンドミキサーの高速で泡立てる。すくい落としたとき生地がしっかり残るくらいになったら(A)、低速で1分泡立ててキメを整える。

2 薄力粉をふるい入れ、泡立て器ですくい上げるようにゆっくり混ぜる(B)。

3 溶かしたバターとサラダ油を加え、ゴムべらで混ぜる。

4 型(何もぬらない)に流し入れ(C)、表面を平らにし、170度のオーブンで30分焼く。

5 型ごと逆さにし、オーブンペーパーを敷いた網にのせて冷まし、あら熱がとれたらラップをかけて冷蔵室で冷やす。完全に冷めたら、パレットナイフや細いナイフで型からはずす(D)。

6 シロップを作る。鍋に水を入れ、沸騰したら砂糖を加えて溶かす。火からおろし、リキュールを加えて冷ます。

7 いちごは洗って水気をきり、へたをとって縦半分に切る。

8 スポンジを下から2cm厚さに2枚切る(E)(上部は余る)。

9 生クリームに砂糖を加え、六分立てにする(p.164参照)。半量を別のボウルに移し(コーティング用)、冷蔵室で冷やす。残りは八分立てにする(サンド用)。

10 下になるスポンジの上面にシロップを刷毛でぬる(F)。サンド用のクリームをぬり、切ったいちごを並べ(G)、さらにクリームをぬる。下面にシロップをぬったもう1枚のスポンジをのせ、軽く押してなじませ、上面にもシロップをぬる。側面にシロップをぬってから残りのクリームをぬり、すき間を埋める。

11 コーティング用のクリームを冷蔵室からとり出し、六分立てに整えてから**10**の上面にかけ(H)、パレットナイフできれいにぬり広げる(I)。いちごとハーブを飾る。

＊余った上部のスポンジ生地はスフレチーズケーキ(p.25参照)などに利用しても。

いちごのセミドライ

材料（作りやすい分量）
いちご …… 300g
砂糖 …… 60g

準備
・いちごは洗って水気をきり、へたをとる。
・天板にオーブンペーパーを敷く。
・途中でオーブンを100度に予熱する。

1 いちごは小粒なら丸ごと、大きければ半分か4等分に切ってボウルに入れる。

2 砂糖を加えて混ぜ、3時間ほどおいてから冷蔵室に入れ、丸1日おいて水分を出す（A）。

3 ボウルにざるをのせ、いちごを入れて水気をきる。

4 いちごを天板に並べる。100度のオーブンで30分焼き、菜箸で上下を返し（B）、さらに30分焼く。あら熱がとれたら、清潔なびんや保存容器に入れる。

※冷蔵室で1週間ほど保存できる。さらに保存したい場合は、保存用ポリ袋に入れて冷凍する。
※**3**でボウルに残ったいちごの水分の使いみちは、p.16参照。

　水分を抜いた甘酸っぱいいちご。つまみ始めたら止まりません。

いちごのセミドライ入りカップケーキ

材料（直径7.5cmのプリン型6個分）

生クリーム …… 120㎖

卵 …… 1個

砂糖 …… 70g

薄力粉 …… 120g

ベーキングパウダー …… 小さじ1

いちごのセミドライ（p.14参照）…… 60g

準備

・型にマフィンカップを敷く。

・オーブンを180度に予熱する。

1　ボウルに生クリームを入れ、六分立て
　　にする（p.164参照）。

2　卵と砂糖を加え、泡立て器で混ぜる。

3　薄力粉とベーキングパウダーを合わせ
　　てふるい入れ、泡立て器で混ぜる。

4　いちごのセミドライを加え（A）、ゴム
　　べらで混ぜ合わせる。

5　型の六分目まで入れ（B）、表面を平ら
　　にし、180度のオーブンで25分焼く。
　　型からはずし、網の上で冷ます。

生地の中からいちごがいっぱい出てきたら、うれしい。

いちごゼリー

材料（4人分）

p.14の**3**で残ったいちごの水分 …… 300㎖
＊足りない分は水を足す。

レモン汁 …… 小さじ1

板ゼラチン …… 5g

冷水 …… 適量

飾り用のいちご、ハーブ …… 各適量

準備
・ ゼラチンは冷水に浸し、やわらかくなったら水気
　を絞る（p.165参照）。

1　鍋に万能こし器をのせ、いちごの水分
　をこす（A）。レモン汁を加え、中火に
　かける。沸騰したら火からおろし、ゼ
　ラチンを加え（B）、ゴムべらで混ぜる。

2　型に流し入れ（C）、あら熱がとれたら
　ラップをかけて冷蔵室で3時間以上冷
　やし固める。

3　型をぬるま湯に2～3秒つけて温め、逆
　さにして型からはずして器に盛り、い
　ちごとハーブを飾る。

　いちごの赤いシロップは、ゼリーにして楽しむのが好き。

いちごジャム

材料 (作りやすい分量)

いちご …… 正味600g

砂糖 …… 180g (いちごの重さの3割)

レモン汁 …… 小さじ1

準備

・保存びんはよく洗い、予熱なしで160
度のオーブンに10分入れて乾かす。
・ふたは鍋で煮沸消毒する。
・いちごは洗って水気をきり、へたをと
る。

1 鍋にいちごと砂糖を入れて混ぜ、3時
間ほどおく。

2 レモン汁を加えて弱めの中火にかけ、
水分が出て煮くずれしてとろりとする
まで20分ほど煮る (A)。

3 熱いうちにびんに入れ (B)、ふたをぎ
ゅっとしめ (軍手をする)、逆さにして冷ま
す。

＊熱い容器に熱いジャムを入れて逆さにすることで、ふ
たの殺菌と脱気ができる。
＊写真奥は、1で鍋にいちごと砂糖を入れてすぐ火にか
けて煮たもの。砂糖をまぶしてからすぐに煮ると、と
ろとろになり、少しおいてから煮ると、いちごの粒が
残りやすい (写真手前)。

いちごの香りと甘酸っぱさをぎゅっと閉じ込めます。

ジャムを作った翌日には、スコーンを焼いて楽しみましょう。

スコーンといちごジャム

材料（12個分）

薄力粉 …… 200g
＊半量を全粒粉にかえてもよい。

ベーキングパウダー …… 小さじ1½

砂糖 …… 20g

塩 …… ひとつまみ

バター（食塩不使用）…… 40g

牛乳 …… 50mℓ

プレーンヨーグルト …… 50g

打ち粉（あれば強力粉）…… 適量

卵黄 …… 1個分

牛乳 …… 小さじ½

いちごジャム（p.17参照）…… 適量

生クリーム …… 適量

準備
・バターは小さく切る。
・天板にオーブンペーパーを敷く。
・途中でオーブンを220度に予熱する。

1 ボウルに薄力粉、ベーキングパウダー、砂糖、塩を合わせてふるい入れ、バターを加えてさらさらの状態になるまで指でつぶす（A）。牛乳とヨーグルトを加え、ゴムべらで軽く練り混ぜる（B）。

2 全体がなじんだらひとまとめにし、打ち粉をして台にのせ、めん棒で2cm厚さにのばす。二つに折り、再び2cm厚さに四角くのばす。ラップで包み、冷蔵室で30分休ませる。

3 包丁で12等分に切り（C）、天板に並べる。上面に卵黄と牛乳を混ぜたものを刷毛でぬり、220度のオーブンで12分焼く。焼きたてに、いちごジャムと泡立てた生クリームをはさむ。

焼きたての生地はサクッとして、バナナがとろり。

バナナロールスコーン

材料（6〜8個分）

- 薄力粉 …… 120g
- 砂糖（あればきび砂糖）…… 20g
- 塩 …… ひとつまみ
- ベーキングパウダー …… 小さじ1
- バター（食塩不使用）…… 30g
- 牛乳 …… 55mℓ
- レモン汁 …… 小さじ1
- 打ち粉（あれば強力粉）…… 適量
- バナナ …… 1本
- 牛乳 …… 小さじ1/2
- はちみつ …… 小さじ1/2

準備
・バターは小さく切る。
・天板にオーブンペーパーを敷く。
・途中でオーブンを220度に予熱する。

1 ボウルに薄力粉、砂糖、塩、ベーキングパウダーを合わせてふるい入れ、バターを加えてさらさらの状態になるまで指でつぶす（A）。

2 牛乳とレモン汁を加え、ゴムべらで切るように混ぜる。

3 全体がなじんだらひとまとめにし、打ち粉をして台にのせ、めん棒でのばして二つに折る。この作業をくり返し、表面がなめらかになったら1cm厚さ（1辺がバナナの長さくらい）に四角くのばし、バナナをのせて手前からくるりと巻く（B）。ラップで包み、冷蔵室で1時間休ませる。

4 包丁で6〜8等分に切り（C）、切り口を上にして天板に並べる。上面に牛乳とはちみつを混ぜたものを刷毛でぬり（D）、220度のオーブンで12分焼く。

＊そのまま食べてもおいしいし、焼きたてに泡立てた生クリームやはちみつを添えても。
＊3でバナナが曲がっているときは、包丁で切って向きを整える。

焼きたては表面がカリッ、翌日はしっとりとします。

はちみつマドレーヌ

材料 (マドレーヌ型9個分)

卵 …… 1個

はちみつ …… 40g

砂糖 …… 30g

薄力粉 …… 60g

ベーキングパウダー …… 小さじ¼

バター (食塩不使用) …… 60g

準備

・型にバター (分量外) を薄くぬる (金属製の型
　の場合は、さらに強力粉〈分量外〉をまぶす)。

・オーブンを180度に予熱する。

・バターは湯せんにかけて溶かし、冷めないよ
　うに温めておく (p.165参照)。

1　ボウルに卵を入れて泡立て器でほぐし、はちみつと砂糖を加え
　　てしっかりと混ぜる。

2　薄力粉とベーキングパウダーを合わせてふるい入れ、泡立て器
　　でゆっくり混ぜる (A)。

3　溶かしたバターを加えて混ぜる (B)。

4　型にスプーンで入れ (C)、180度のオーブンで12分焼く。すぐ
　　に型からはずし、網の上で冷ます。

＊はちみつを同量のメープルシロップにかえて作ってもおいしい。

口当たりはふわっとやわらか。何年作っても飽きない、うちの家族の大好物です。

スフレチーズケーキ

材料（底のとれる直径15cmの丸型1台分）

クリームチーズ …… 150g
バター（食塩不使用）…… 30g
砂糖 …… 40g
バニラビーンズ …… 5cm
卵黄 …… 2個分
プレーンヨーグルト …… 400g
薄力粉 …… 30g

［メレンゲ］
卵白 …… 2個分
砂糖 …… 40g
スポンジ生地（p.12参照）…… 1cm厚さ1枚
好みのジャム（あんずなど）…… 大さじ2

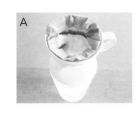

準備

- ヨーグルトはペーパーフィルターを敷いたドリッパー（またはペーパータオルを敷いたざる）に入れ、冷蔵室で6時間ほど水きりする（A）。ここでは400gが160gになるくらいが目安。
- クリームチーズとバターは室温に戻す。
- 型の側面にオーブンペーパーを型よりも少し高くなるように敷く。底にスポンジ生地を敷き込み、型の底と側面をアルミホイルでぴったりとおおう（B）。
- バニラビーンズはさやに切り込みを入れて種をとり出し、砂糖と混ぜる（p.47のA参照）。
- スポンジ生地にジャムをぬる。
- オーブンを160度に予熱する。
- 湯せん用の湯を沸かす。

1 ボウルにクリームチーズとバターを入れ、泡立て器でよく混ぜる。

2 バニラビーンズと合わせた砂糖、卵黄、水きりしたヨーグルト（固形分だけを使う）を順に加え（C）、そのつどよく混ぜる。

3 薄力粉をふるい入れ、泡立て器で混ぜる。

4 別のボウルに卵白と砂糖を入れてハンドミキサーで泡立て、しっかりとしたメレンゲを作る（p.164参照）。

5 3にメレンゲを2回に分けて加え、ゴムべらで混ぜ合わせる（D）。

6 型に流し入れ、表面を平らにする。天板にのせて湯を深さ2cmほどはり（E）、160度のオーブンで60分湯せん焼きにする。

7 型のまま網の上で冷まし、あら熱がとれたらラップをかけて冷蔵室で冷やす。型とオーブンペーパーをはずし、切り分ける。

強力粉を使ったバターケーキは、キメこまかな焼き上がり。

レモンケーキ

材料（18×8×深さ6㎝のパウンド型1台分）

卵 …… 2個

砂糖 …… 90g

強力粉 …… 120g

牛乳 …… 20㎖

バター（食塩不使用） …… 110g

レモンの皮（国産のもの） …… 1個分

［ アイシング ］

　　粉糖 …… 40g

　　レモン汁 …… 小さじ2

準備

・ 型にオーブンペーパーを型よりも少し高くなるように敷く（p.165参照）。

・ レモンはよく洗い、皮（表面の黄色い部分だけ）をすりおろし、果汁を搾る。

・ オーブンを170度に予熱する。

・ 湯せん用の湯を沸かす。

・ バターは湯せんにかけて溶かし、冷めないように温めておく（p.165参照）。

1 ボウルに卵と砂糖を入れて湯せんにかけ、泡立て器でよく混ぜて砂糖を溶かす。

2 卵液が温まったら湯せんからはずし、ハンドミキサーの高速で泡立てる。ふんわりとボリュームが出てきたら低速にし、すくい落としたときリボン状になるまでしっかり泡立てる（A）。

3 強力粉をふるい入れ、牛乳を加えて泡立て器で混ぜる。

4 溶かしたバターとレモンの皮を加え（B）、なめらかになるまでゴムべらで混ぜ合わせる。

5 型に流し入れ（C）、170度のオーブンで40分ほど焼く（焼き縮みが始まる前にとり出す）。

6 型からはずして網の上で冷まし、あら熱がとれたらオーブンペーパーをはがす。

7 ボウルに粉糖とレモン汁を入れてゴムべらで混ぜ、アイシングを作る（D）。6の上面にスプーンでかける（E）。

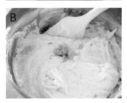
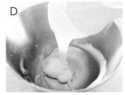

レモン風味のふんわり生地に、ちりばめたホワイトチョコがよく合う。

レモンとホワイトチョコのスコーン

材料 (直径4.5㎝11個分)

強力粉 …… 200g
ベーキングパウダー …… 小さじ1½
塩 …… ひとつまみ
砂糖 (あればきび砂糖) …… 30g
バター (食塩不使用) …… 50g
卵 …… 1個
生クリーム (またはプレーンヨーグルト)
　　　…… 50g
レモンペースト …… 50g
打ち粉 (強力粉) …… 適量
ホワイトチョコレート (製菓用) …… 40g
レモンペースト、砂糖 …… 各適量

準備
・ ホワイトチョコレートは細かく刻む。
・ バターは小さく切る。
・ 卵は溶きほぐし、¼量を別のボウルにとり分ける。¾量に生クリームとレモンペーストを加えて混ぜる。¼量はさらによく溶きほぐし、水小さじ¼ (分量外) を加えて混ぜる。
・ 天板にオーブンペーパーを敷く。
・ 途中でオーブンを200度に予熱する。

1　ボウルに強力粉、ベーキングパウダー、塩、砂糖を合わせてふるい入れ、バターを加えてさらさらの状態になるまで指でつぶす。

2　卵と生クリームとレモンペーストを混ぜたものを加え、ゴムべらで切るように混ぜる。

3　全体がなじんだらひとまとめにし、打ち粉をして台にのせ、めん棒でひとまわり大きくのばす。半分にチョコレートを散らし (A)、二つに折る。もう一度のばして二つに折り、12㎝角 (厚さ約2㎝) にのばす。ラップで包み、冷蔵室で30分休ませる。

4　型で6個抜き (B)、残りの生地は重ねて軽く押さえ、もう2個抜く。残りは手で丸める。

5　天板に並べ、上面に卵と水を混ぜたものを刷毛でぬり、200度のオーブンで15分焼く。砂糖を加えたレモンペーストを添える。

レモンペーストの作り方

レモン2個はよく洗って鍋に入れ、かぶるくらいより少し多めの水を加える。弱火にかけ、落としぶたをして1時間ほどゆでる。やわらかくなったら、とり出して水気をきる。冷めたらバットの上で半分に切り、種をとり除く (C)。汁ごとブレンダーまたはミキサーにかけてペースト状にする (D)。

＊直径13㎝の小鍋でレモン2個をゆでるとちょうどいい。小分けにして冷凍保存できる。

レモンペーストのおかげで、ほかにはないしっとりとした食感と風味。

レモンシフォンケーキ

材料 (直径17cmのシフォン型1台分)

卵黄 …… 3個分

砂糖 …… 30g

レモンペースト (p.29参照) …… 50g

豆乳 (成分無調整) …… 60g

サラダ油 (あれば米油) …… 35㎖

レモン汁 …… 小さじ2

レモンの皮 (国産のもの) …… ½個分

強力粉 …… 70g

[メレンゲ]

卵白 …… 140g (3〜4個分)

砂糖 …… 50g

準備

・ レモンはよく洗い、皮 (表面の黄色い部分だけ) をすりおろし、果汁を搾る。

・ オーブンを170度に予熱する。

1 ボウルに卵黄を入れ、泡立て器でほぐす。砂糖を加え、空気を含んで白っぽくなるまで泡立てる。

2 レモンペースト、豆乳、サラダ油を順に加え (A)、そのつどよく混ぜる。

3 レモン汁、レモンの皮を加えて混ぜる。

4 強力粉をふるい入れ、泡立て器でなめらかになるまで混ぜる。

5 別のボウルに卵白と砂糖を入れてハンドミキサーで泡立て、しっかりとしたメレンゲを作る (p.164参照)。

6 **4**にメレンゲの半量を加え (B)、泡立て器でゆっくり混ぜる。

7 残りのメレンゲを加え、ゴムべらでムラのないように混ぜる。

8 型に流し入れて表面を平らにし (C)、空気が入らないように型をしっかりと固定してふきんの上で数回たたき、170度のオーブンで35分焼く。

9 オーブンからとり出して型ごと逆さにして冷まし (D)、あら熱がとれたらラップをかけて冷蔵室で冷やす。完全に冷めたら、パレットナイフや細いナイフで側面、中央、底の順に型からはずす (E、F)。

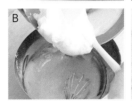

まるでレモン水を飲んでいるような、限りなくさっぱりとしたゼリー。

レモン水のゼリー

材料(4人分)

砂糖 …… 30g

アガー …… 5g

水(あれば浄水器を通して濾過したもの)
　…… 350㎖

レモンの皮(国産のもの) …… ⅓個分

準備
・レモンはよく洗い、皮(表面の黄色い部分だけ)を包丁で薄くそぐ。

1　小さなボウルに砂糖とアガーを入れ、泡立て器で混ぜる。

2　鍋に水を入れ、1を少しずつ加えて泡立て器でよく混ぜる(A)。

3　中火にかけ、泡立て器で混ぜながら沸騰直前まで温める。火からおろし、レモンの皮を加える(B)。

4　容器に流し入れ(C)、あら熱がとれたらラップをかけて冷蔵室で3時間以上冷やし固める。

5　スプーンですくって器に盛る。

＊水はミネラルウォーターでもよい。
＊レモンの皮をミントなどのハーブにかえて作ってもおいしい。

とっておきのお花の型は、シュガーデコレーション用の抜き型です。

型抜きクッキー

材料（作りやすい分量）

[クッキー生地]

バター（食塩不使用）…… 60g

粉糖 …… 30g

塩 …… ひとつまみ

卵黄 …… 1個分

薄力粉 …… 100g

レモンの皮（国産のもの）…… 1/4個分

打ち粉（あれば強力粉）…… 適量

準備

・バターと卵黄は室温に戻す。

・レモンはよく洗い、皮（表面の黄色い部分だ け）をすりおろす。

・天板にオーブンペーパーを敷く。

・途中でオーブンを170度に予熱する。

1 ボウルにバターを入れ、ゴムべらで練 る。粉糖と塩を合わせてふるい入れ、 よく混ぜる。

2 卵黄を加えて混ぜ、薄力粉をふるい入 れ、レモンの皮を加えて混ぜる（A）。 全体がなじんだら、ひとまとめにする。打ち粉をして台にのせ、 手のひらのつけ根で押し出すようにこねる。ラップで包み（B）、 冷蔵室で1時間休ませる。

3 台の上にラップを敷き、打ち粉をした2をのせ、めん棒で3mm 厚さにのばす。ラップをかけ、冷蔵室で1時間休ませる。

4 型で抜き（C、D）、残りの生地も同様にのばして型で抜く。天板 に並べ、170度のオーブンで12〜15分焼き、網の上で冷ます。

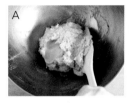

同じ生地でも形と仕上げを変えると、違った味わいに。

レモンアイシングクッキー

材料(約26個分)
クッキー生地 …… p.35 と同量
打ち粉(あれば強力粉) …… 適量
[アイシング]
　粉糖 …… 60g
　レモン汁 …… 小さじ2
飾り用のレモンの皮 …… 適量

準備
・レモンはよく洗い、飾り用に皮(表面の黄色
　い部分だけ)を包丁で薄くそいで細切りにし、
　果汁を搾る。
・天板にオーブンペーパーを敷く。
・途中でオーブンを160度に予熱する。

1　p.35 の**1**〜**2**を参照してクッキー生地を作る。

2　26等分に切り分けて手で丸め、天板に並べる(A)。ラップをか
　けて冷蔵室で1時間休ませ、160度のオーブンで15〜20分焼き、
　網の上で冷ます。

3　ボウルに粉糖とレモン汁を入れてゴムべらで混ぜ、アイシング
　を作る。クッキーが冷めたら上面につけ(B)、レモンの皮の細
　切りを飾り、乾かす。

グレープフルーツのいいところを、そのままぎゅっと閉じ込めました。

グレープフルーツのゼリー

材料（5人分）
グレープフルーツ …… 約3個
はちみつ …… 15g
砂糖 …… 30g
アガー …… 5g
水 …… 100㎖

1　グレープフルーツは皮をむき、薄皮もむく（A）。果肉
　　だけをブレンダーまたはミキサーにかけてピュレ状に
　　する。

2　ボウルにざるをのせ、1をこす（B）。ざるに残った果肉
　　はとっておく（右欄参照）。

3　果汁を300㎖計量してから鍋に入れ、はちみつを加え
　　る。弱火にかけ、80度くらいまで温める。

4　小さなボウルに砂糖とアガーを入れ、泡立て器で混ぜる。

5　別の鍋に水を入れ、4を少しずつ加えてよく混ぜる。
　　弱火にかけ、泡立て器で混ぜながら沸騰直前まで温め
　　て火からおろす。

6　3を加え、器に流し入れる（C）。あら熱がとれたら、
　　ラップをかけて冷蔵室で3時間以上冷やし固める。

グレープフルーツのジャムの作り方

2で残った果肉を計量してから、鍋に入
れる。重量の2割の砂糖を加え（D）、弱
めの中火で煮る。少し煮詰まったらでき
上がり。

＊ほんの少ししかできない、おまけのようなお楽しみ。
　ヨーグルトに入れるのがおすすめ。

パリッと焼けた外側の生地と、内側の生地のもちもち感がおいしい。

クレープ

材料（直径22cmのフライパンで6枚分）

[クレープ生地]

卵 …… 1個

牛乳 …… 180㎖

砂糖 …… 10g

塩 …… ひとつまみ

薄力粉 …… 100g

バター（食塩不使用）…… 20g

水きりしたヨーグルト（p.25参照）
（またはリコッタチーズ）…… 適量

バナナ …… 適量

はちみつ …… 適量

準備

・ バターは湯せんにかけて溶かし、冷めないよ
うに温めておく（p.165参照）。

1　クレープ生地を作る。ボウルに卵、牛乳80㎖、砂糖、塩を入れ
て泡立て器でよく混ぜ、薄力粉をふるい入れて混ぜる。

2　溶かしたバターを加えて混ぜ（A）、残りの牛乳を少しずつ加え、
そのつど混ぜてとろとろの状態にする。

3　ラップをかけ、室温（涼しい場所で）で30分休ませる。

4　フライパン（フッ素樹脂加工または厚めの鉄製）を強めの中火にかけて十
分に熱し、バター少々（分量外）を入れてペーパータオルで薄くの
ばす。3をレードル1杯弱流し入れ、フライパンをまわして広
げる（B）。

5　縁が茶色く色づいてはがれてきたら上下を返し（C）、とり出す。
同様に残りの5枚を焼く。

6　クレープの真ん中にヨーグルトと食べやすく切ったバナナをの
せ、四角く包む（D）。器に盛ってバナナのスライスを飾り、は
ちみつをかける。

＊フライパンを十分に熱していないと、きれいな焼き色がつかない。生地を流し入れたと
きにジューッと音がするのが、おいしく焼けるサイン。

＊クレープを四つに折りたたみ、粉糖をたっぷりとふり、バターをのせてレモン汁少々を
かけて食べてもおいしい。

オレンジクレープ

材料 (直径22cmのフライパンで6枚分)

薄力粉 …… 80g
砂糖 …… 20g
塩 …… 小さじ1/6

オレンジの搾り汁 …… 120ml
オレンジの皮 (国産のもの) …… 1個分
卵 …… 2個
バター (食塩不使用) …… 30g
飾り用のオレンジ、バター (食塩不使用)、
　粉糖 …… 各適量

準備

・ バターは湯せんにかけて溶かし、
　冷めないように温めておく (p.165
　参照)
・ オレンジはよく洗い、皮 (表面の
　オレンジ色の部分だけ) をすりお
　ろし、果汁を搾る。
・ 飾り用にオレンジを輪切りにして
　皮をむく。

1　ボウルに薄力粉、砂糖、塩を合わせて
　　ふるい入れ、オレンジの搾り汁と皮を
　　加え (A)、泡立て器でなめらかになる
　　まで混ぜる。

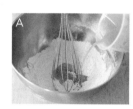

2　溶きほぐした卵を加え、混ぜる。

3　溶かしたバターを加えて混ぜ、ラップ
　　をかけて室温 (涼しい場所) で30分休ませる。

4　p.41の**4〜5**を参照してクレープを焼く。折りたたんで器に盛り、
　　オレンジとバターを添えて粉糖をふる。

　国産オレンジの季節に必ず作る定番メニュー。

オレンジのコンポート

材料 (作りやすい分量)

オレンジ (国産のもの) …… 2個

砂糖 …… 60g

水 …… 150㎖

オレンジの搾り汁 …… 大さじ2

＊搾り汁がなければ、水を170㎖、
　砂糖を70gに増やす。

1　オレンジはよく洗い、3㎜厚さの輪切
　　りにする（A）。

2　鍋に砂糖と水を入れ、中火にかける。
　　沸騰したらオレンジと搾り汁を加え、
　　落としぶたをして弱火で20分ほど煮
　　る（B）。火を止めてそのまま煮汁につ
　　けて冷ます。

＊冷蔵室で1週間ほど保存できる。

輪切りにしてさっと煮るだけ。冷やしてこのまま食べても。

アーモンド風味の生地にもコンポートを入れて、断面も楽しく。

オレンジのコンポート入りケーキ

材料（18×8×深さ6cmのパウンド型1台分
　　＋直径7.5cmのプリン型1個分）

バター（食塩不使用）…… 120g

砂糖（あればきび砂糖）…… 110g

塩 …… ひとつまみ

卵 …… 2個

アーモンドパウダー …… 60g

薄力粉 …… 120g

ベーキングパウダー …… 小さじ1/2

オレンジ（国産のもの）の皮 …… 1個分

オレンジの搾り汁 …… 大さじ2

オレンジのコンポート（p.43参照）
　　…… オレンジ1個分

準備

・バターと卵は室温に戻す。

・型にオーブンペーパーを型よりも少し高くなる
　ように敷く（p.165参照）。

・オレンジはよく洗い、皮（表面のオレンジ色の
　部分だけ）をすりおろし、果汁を搾る。

・オレンジのコンポートは大きければ半分に切る。

・オーブンを170度に予熱する。

1　ボウルにバターを入れて泡立て器でや
　わらかいクリーム状になるまで混ぜる。
　砂糖と塩を加え、ふんわりと空気を含
　んで白っぽくなるまで混ぜる（A）。

2　溶きほぐした卵を6回に分けて加え、
　そのつどよく混ぜる（B）。

3　アーモンドパウダーをふるい入れ、混
　ぜる（C）。

4　薄力粉とベーキングパウダーを合わせ
　てふるい入れ、ゴムべらでなめらかに
　なるまで混ぜる。

5　オレンジの皮と搾り汁を加えて混ぜる（D）。

6　型に半量を流し入れ、スプーンの背で表面を平らにする。オレ
　ンジのコンポートの半量を並べる（E）。

7　残りの生地を流し入れ、残りのコンポートをのせる。入りきら
　なかった生地は、マフィンカップを敷いたプリン型に流し入れ、
　同様にコンポートをのせる（F）。170度のオーブンで50分（プリ
　ン型は25分）焼く。

8　型からはずして網の上で冷まし、あら熱がとれたらオーブンペ
　ーパーをはがし、冷めてから切り分ける。

昔も今も大好きな、卵と牛乳のシンプルなおやつ。

カスタードプリン

材料(直径7.5cmのプリン型4個分)
キャラメルソース …… p.102と同量
牛乳 …… 260ml
卵 …… 2個
砂糖 …… 40g
バニラビーンズ …… 2cm

準備
・アルミホイルを9cm角4枚に切る。
・バニラビーンズはさやに切り込みを入れ、種をとり出し砂糖と混ぜ(A)、さやは牛乳に加える。
・型にバター(分量外)を薄くぬる。
・深めのフライパンや鍋に湯を深さ2cmほどはり、ふきんを敷く。

1 p.102の**2**を参照してキャラメルソースを作り、型に等分に流し入れる。

2 鍋に牛乳とバニラビーンズのさやを入れて弱火にかけ、沸騰しない程度に温めて火からおろす。

3 ボウルに卵を入れて泡立て器でよく混ぜ、バニラビーンズと合わせた砂糖を加えて混ぜる。**2**を加えてよく混ぜ、万能こし器でこす。

4 **1**に流し入れ(B)、アルミホイルでふたをする。フライパンに並べ(C)、少しずらしてふたをし、弱火で15〜20分蒸す。あら熱がとれたら冷蔵室で2時間冷やし、型からはずして器に盛る。

夏のお菓子

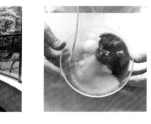

軽やかでしっとりとした、夏のバナナケーキ。冷たいドリンクといっしょに。

バナナケーキ

材料(18×8×深さ6㎝のパウンド型1台分)

卵 …… 1個

砂糖(あればきび砂糖) …… 40g

バナナ …… 正味170g(1.5本)

サラダ油(あれば米油) …… 35㎖

バター(食塩不使用) …… 30g

強力粉 …… 100g

ベーキングパウダー …… 小さじ1/2

準備

・ 型にオーブンペーパーを型よりも少し高くなるように敷く(p.165参照)。

・ オーブンを170度に予熱する。

・ バターは湯せんにかけて溶かし、冷めないように温めておく(p.165参照)。

・ バナナは110gを計量し、フォークでつぶしてピュレ状にする(A)。残り(60g)は1㎝角に切る。

1 ボウルに卵と砂糖を入れ、ハンドミキサーの高速で泡立てる。ふんわりとボリュームが出たら低速にし、すくい落としたときリボン状になるまでしっかり泡立てる(B)。

2 バナナのピュレ、サラダ油、溶かしたバターを加える。

3 強力粉とベーキングパウダーを合わせてふるい入れ、ゴムべらで混ぜる(C)。

4 1㎝角に切ったバナナを加え(D)、軽く混ぜ合わせる。

5 型に流し入れて表面を平らにし(E)、170度のオーブンで45分焼く。

6 型からはずして網の上で冷まし、あら熱がとれたらオーブンペーパーをはがし、冷めてから切り分ける。

＊4で角切りのバナナを加えずに焼けば、冷蔵室で5日くらい保存できる。その場合は、表面にくるみをたっぷり散らして焼くとおいしい。

相性のいいバナナとコーヒーで手軽に作れます。

バナナのティラミス風

材料（6人分）

スポンジシート（p.145 参照）…… $\frac{1}{2}$ 枚

[コーヒー液]

  挽いたコーヒー豆 …… 30g

  熱湯 …… 150㎖

＊インスタントコーヒーの場合は、大さじ2を熱湯100㎖で溶く。

バナナ …… 正味100g（1本）

砂糖 …… 30g

プレーンヨーグルト …… 100g

生クリーム …… 120㎖

ココア …… 適量

飾り用のバナナ …… 適量

準備

・ スポンジを4㎝角18枚に切る（A）。

1 コーヒー豆と熱湯で濃いめのコーヒー液を作る。

2 ボウルにバナナ、砂糖、ヨーグルトを入れ、フォークでつぶして混ぜる（B）。

3 生クリームは八分立てにし（p.164 参照）、**2** に加えてゴムべらで混ぜる（C）。

4 器にスポンジ1切れを入れ、コーヒー液をスプーンでかけ（D）、**3** を大さじ1ほどのせる。これを3回くり返し（E）、ラップをかけて冷蔵室で30分以上冷やす。

5 ココアを茶こしを通してふり、スライスしたバナナを飾る。

ブルーベリー狩りに行ったあと、かならず焼くお菓子。

ブルーベリーマフィン

材料(直径7.5cmのプリン型7個分)

卵 …… 1個

塩 …… ひとつまみ

サラダ油(あれば米油) …… 60㎖

牛乳 …… 40㎖

ブルーベリー …… 100g

砂糖 …… 70g

レモン汁 …… 小さじ1

薄力粉 …… 120g

ベーキングパウダー …… 小さじ1

準備

・ ブルーベリーは洗って水気をきり、砂糖とレ
　モン汁をまぶし(A)、1時間ほどおく。

・ 型にマフィンカップを敷く。

・ オーブンを180度に予熱する。

1　ボウルに卵と塩を入れ、泡立て器で混ぜる。

2　サラダ油を加えて混ぜる。

3　牛乳を加えて混ぜ、ブルーベリーを砂糖ごと加える。

4　薄力粉とベーキングパウダーを合わせてふるい入れ、ゴムべら
　で混ぜ合わせる。

5　スプーンで型の六分目まで入れ(B)、180度のオーブンで25分
　焼く。型からはずし、網の上で冷ます。

＊泡立てた生クリームやブルーベリーを添えても。

イーストで発酵させてふんわりと。火の通ったブルーベリーの酸味もおいしい。

ブルーベリーパンケーキ

材料（5枚分）

ぬるま湯（人肌程度）…… 40㎖

砂糖 …… 10g

ドライイースト …… 1g（小さじ⅓）

卵黄 …… 1個分

塩 …… ひとつまみ

プレーンヨーグルト …… 40g

サラダ油（あれば米油）…… 小さじ2

薄力粉 …… 60g

［メレンゲ］

　卵白 …… 1個分

　砂糖 …… 10g

ブルーベリー …… 80g

バター（食塩不使用）、

　　飾り用のブルーベリー …… 各適量

準備
・ブルーベリーは洗って水気をきる。

1　ボウルにぬるま湯と砂糖を入れて泡立て器でよく混ぜ、ドライイーストを加えて混ぜる。

2　卵黄、塩、ヨーグルト、サラダ油を順に加えて混ぜ、薄力粉をふるい入れ、なめらかになるまで混ぜる（A）。

3　ラップをかけ、室温で30分〜1時間休ませる。

4　別のボウルに卵白と砂糖を入れてハンドミキサーで泡立て、しっかりとしたメレンゲを作る（p.164参照）。

5　3にメレンゲを加え、ゴムべらで混ぜ合わせる。

6　ブルーベリーを加え、軽く混ぜ合わせる（B）。

7　フライパン（フッ素樹脂加工または厚めの鉄製）を中火にかけて熱し、サラダ油（分量外）を入れてペーパータオルで薄くのばす。1枚につき生地の⅕量を流し入れ（C）、ふっくらしてきたら上下を返し（D）、弱火にしてふたをする。弾力が出るまで4〜5分焼き、とり出す。残りも同様に焼く。

8　器に盛ってバターをのせ、ブルーベリーを散らす。

＊ドライイーストをベーキングパウダー小さじ½にかえても作れる。その場合はぬるま湯を水にかえ、3で生地を休ませなくてもよい。

＊メープルシロップをたっぷりかけてもおいしい。

あんずジャム

材料 (作りやすい分量)
あんず …… 正味700g
砂糖 …… 300g

準備
・保存びんはよく洗い、予熱なしで160度の
　オーブンに10分入れて乾かす。
・ふたは鍋で煮沸消毒する。

1　あんずは丁寧に洗って水気をきり、割
　　れ目に沿って種まで届くように包丁で
　　深く切り込みを入れて1周させる。手
　　でねじって半割りにし、種をとって(A)、
　　さらに半分に切る。
2　鍋にあんずと砂糖を入れて混ぜ、弱め
　　の中火にかける。水分が出て煮くずれ
　　し、とろりとするまで20分ほど煮る(B)。
3　熱いうちにびんに入れ、ふたをぎゅっ
　　としめ(軍手をする)、逆さにして冷ます。

　大好きなので、あんずを見かけるたびに少しずつ煮ます。

あんずジャムどらやき

材料（直径7cm6個分）
粉寒天 ⋯⋯ 小さじ 1/3（1g）
水 ⋯⋯ 70mℓ
あんずジャム ⋯⋯ 200g（p.58参照）
砂糖 ⋯⋯ 10g
どらやきの皮 ⋯⋯ p.163と同量

1 鍋に寒天と水を入れて中火にかけ、木べらで混ぜながら煮る。沸騰したら弱火にし、混ぜながら2分ほど煮る。

2 火からおろし、あんずジャムと砂糖を加えて混ぜる。

3 バットに流し入れ、あら熱がとれたらラップをかけ、冷蔵室で1時間以上冷やし固める。

4 p.163を参照してどらやきの皮を作って焼く。

5 **3**をスプーンでほぐし、大さじ2ずつ皮にのせ（A）、もう1枚ではさむ。

和菓子屋さんで見つけた、おいしい組み合わせ。

ババロアには、あんずのフルーティーなソースを添えて。

バニラババロア＆あんずソース

材料（直径7.5cmのプリン型5個分）

卵黄 …… 2個分

砂糖 …… 40g

バニラビーンズ …… 2cm

牛乳 …… 150ml

板ゼラチン …… 5g

冷水 …… 適量

生クリーム …… 120ml

牛乳 …… 小さじ2

あんずジャム（p.58参照）…… 30g

飾り用のミント …… 適量

準備
・ ゼラチンは冷水に浸し、やわらかくなったら
  水気を絞る（p.165参照）。
・ バニラビーンズはさやに切り込みを入れて種を
  とり出し、種は砂糖と混ぜ（p.47のA参照）、
  さやは牛乳150mlに加える。

1 ボウルに卵黄を入れて泡立て器でよくほぐし、バニラビーンズ
  と合わせた砂糖を加えて混ぜる。

2 鍋に牛乳とバニラビーンズのさやを入れて弱火にかけ、沸騰し
  ない程度に温める。1に少しずつ加え（A）、そのつど混ぜる。

3 万能こし器でこしながら鍋に戻し、たえず木べらで混ぜながら
  弱火にかける。泡が消えてとろみがついたら（B）、火からおろ
  す。

4 ゼラチンを加えてよく混ぜ、鍋底を氷水に当ててゴムべらで混
  ぜながら冷やす。

5 生クリームに牛乳小さじ2を加えて六分立てにし（p.164参照）、
  4に加えて混ぜる（C）。

6 型に流し入れて表面を平らにし（D）、冷蔵室で2時間冷やし固
  める。あんずジャムをざるでこし、熱湯大さじ2（分量外）で溶き
  のばす。型をぬるま湯に2〜3秒つけて温め、逆さにして型か
  らはずして器に盛り、あんずソースをかけてミントを飾る。

桃のロールケーキ　みずみずしい桃を、キメの細かい別立てスポンジで巻きます。

桃のロールケーキ

材料（25×29cmの天板1台分）
［スポンジシート］
卵黄 …… 3個分
砂糖 …… 30g
［メレンゲ］
卵白 …… 3個分
砂糖 …… 50g
薄力粉 …… 50g
サラダ油（あれば米油）…… 35㎖
生クリーム …… 200㎖
砂糖 …… 10g
桃 …… 1〜2個
飾り用のミント …… 適量

準備
・天板にオーブンペーパーを2枚重ねて敷く（p.165参照）。
・オーブンを200度に予熱する。

1 スポンジシートを作る。ボウルに卵黄と砂糖30gを入れ、ハンドミキサーの高速で白っぽくなってとろみがつくまで泡立てる（A）。

2 別のボウルに卵白と砂糖50gを入れてハンドミキサーで泡立て、しっかりとしたメレンゲを作る（p.164参照）。

3 メレンゲに1を加えて泡立て器で混ぜる（B）。薄力粉をふるい入れ、泡立て器で底からすくい上げるようにゆっくり混ぜる（C）。

4 粉っぽさがなくなったらサラダ油を加え、ゴムべらで混ぜる。

5 天板に流し入れて表面を平らにし（D）、あれば天板をもう1枚下に重ねて200度のオーブンで12分焼く。

6 天板からはずし、側面のオーブンペーパーをはがし、底面のペーパーの1枚を上面にかぶせて冷ます（E）。

7 スポンジの上下を返して上面のペーパーをはがし（F）、ラップをかけて再び上下を返す。

8 片方の端を斜めに切り落とし、反対側の端から巻きやすいように上面に包丁ですじをごく浅く入れる（G）。

9 生クリームに砂糖を加え、九分立てにする（p.164参照）。

10 桃は皮をむき、くし形に切る。スポンジに9を均等にぬり、桃を3cm間隔に3列並べる（H）。切り落としていないほうの端からラップごと持ち上げ、巻く（I）。

11 ラップで包み、冷蔵庫で30分以上冷やし、好みの厚さに切って器に盛り、ミントを飾る。

＊天板を2枚重ねるのは、オーブンの下火の当たりをやわらげたいため。ない場合は、厚紙をオーブンペーパーの下に敷くとよい。
＊桃は湯むきをすると皮がきれいにむける。鍋に湯を沸かし、桃を30秒くらいつけて冷水にとり、手で皮をつるりとむく。

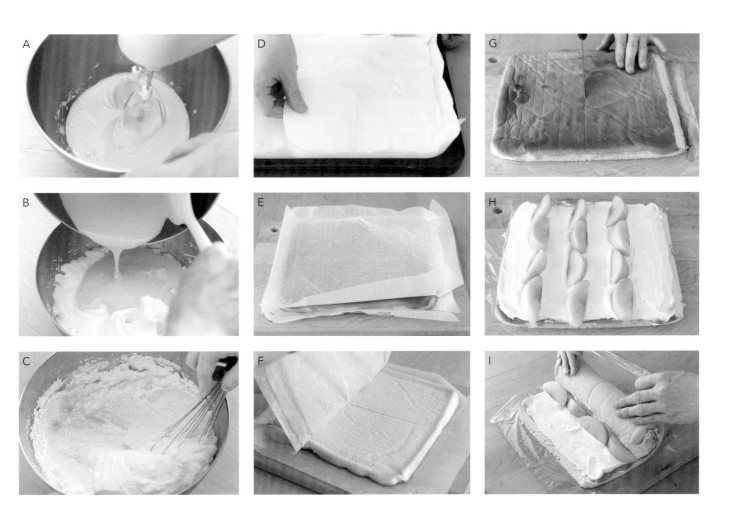

桃のコンポートとこしあんが驚くほどよく合って、暑い日にぴったり。

冷たい桃のしるこ

材料(約6人分)
[桃のコンポート]
| 桃 …… 2個
| 砂糖 …… 180g
| 水 …… 600㎖
| レモン汁 …… 大さじ1
[しるこ]
| 桃のコンポート …… 200g
| 桃のコンポートのシロップ …… 100g
| こしあん(市販) …… 250g
[ゼリー]
| 桃のコンポートのシロップ …… 300g
| 砂糖 …… 10g
| アガー …… 5g
| 水 …… 100㎖

準備
・ 桃は丁寧に洗い、割れ目に沿って種まで届く
　ように包丁で深く切り込みを入れて1周させ
　る。手でねじって半割りにし、小さじなどを
　使って種をとる(A)。さらに縦半分に切る。

1　桃のコンポートを作る。鍋に砂糖と水を入れて中火にかけ、沸
　　騰したらレモン汁と桃を加え、落としぶたをして弱火で15分
　　ほど煮る(B)。

2　桃の上下を返し、さらに5〜10分煮る。透明感が出てきたら、火
　　を止めてそのまま煮汁につけて冷ます。

3　手で皮をむき、保存容器に煮汁ごと入れて冷蔵室で冷やす。

4　しるこを作る。桃のコンポートとシロップを計量し、ブレンダ
　　ーまたはミキサーにかけてピュレ状にする。

5　ボウルにこしあんを入れ、4を3回に分けて加え(C)、ゴムベ
　　らで溶きのばす。冷蔵室で冷やす。

6　ゼリーを作る。桃のコンポートのシロップを計量し、鍋に入れ
　　て中火にかけ、沸騰させて火からおろす。

7　小さなボウルに砂糖とアガーを入れ、泡立て器で混ぜる。

8　別の鍋に水を入れ、7を少しずつ加えてよく混ぜる。弱火にか
　　け、泡立て器で混ぜながら沸騰直前まで温めて火からおろす。

9　6を加えて混ぜ、容器に流し入れる(D)。あら熱がとれたらラ
　　ップをかけ、冷蔵室で3時間以上冷やし固める。

10　器に5を入れ、9をすくって浮かべる。あれば桃のコンポート
　　を添える。

＊桃のコンポートは冷蔵室で5日ほど保存できる。

A

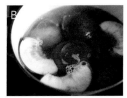

B

C

D

きれいな色にハッとします。濃厚だけれど、口溶けよく仕上げました。

マンゴープリン

材料(6人分)

マンゴー …… 正味250g

水 …… 130㎖

砂糖 …… 40g

ココナッツミルクパウダー …… 20g

板ゼラチン …… 5g

冷水 …… 適量

生クリーム …… 50㎖

プレーンヨーグルト …… 大さじ1

飾り用のマンゴー …… 適量

準備
・ゼラチンは冷水に浸し、やわらかくなったら
　水気を絞る(p.165参照)。

1 マンゴーは皮をむき、種を除く(A、B)。種のまわりのやわらかい部分も含めて250gを計量する。水、砂糖、ココナッツミルクパウダーを加え(C)、ブレンダーまたはミキサーにかけてピュレ状にする。

2 鍋に入れて中火にかけ、沸騰したら火からおろす。

3 ゼラチンを加え(D)、ゴムべらで混ぜる。鍋の底を氷水に当てて冷ます(E)。

4 器にスプーンで入れ、ラップをかけて冷蔵室で2時間以上冷やし固める。ヨーグルトを加えて泡立てた生クリームと角切りにしたマンゴーをのせる。

さっぱり＆ジューシーな夏のショートケーキ。

メロンのショートケーキ

材料(底のとれる直径15㎝の丸型1台分)
スポンジ生地 …… p.12と同量
[シロップ]
　水 …… 50㎖
　砂糖 …… 20g
　アマレット …… 大さじ1
＊アマレットは、アーモンドの香りのあるリキュール。

生クリーム …… 300㎖
砂糖 …… 25g
アマレット …… 小さじ1
メロン …… 1/2 ～1個
飾り用のハーブ …… 適量

準備
・p.12の1～5を参照してスポンジ生地を作り、
　冷めたら下から1.5㎝厚さに3枚切る(上部は
　余る)。
・p.12の6を参照してシロップを作り、冷まして
　おく。
・絞り出し袋に丸口金をつけ、コップなどに入
　れて上部を折り返す(p.165参照)。

1　メロンは真ん中の太い部分を1㎝厚さの輪切りにし、種を除い
　て皮をむき、サンド用に3～4枚用意する。残りは飾り用にく
　りぬき器で丸くくりぬく(A)。
2　生クリームに砂糖とアマレットを加え、六分立てにする(p.164
　参照)。半量を別のボウルに移し(コーティング用)、冷蔵室で冷やす。
　残りは八分立てにする(サンド用)。
3　一番下になるスポンジの上面にシロップを刷毛でぬり、サンド
　用のクリームをぬり、サンド用のメロンをスポンジに合うよう
　に切ってのせ(B)、クリームを薄くぬる。
4　下面にシロップをぬったスポンジ1枚をのせ、3をもう一度くり
　返し、下面にシロップをぬった残りのスポンジをのせ(C)、軽
　く押してなじませてから上面にシロップをぬる。側面にシロッ
　プをぬってから残りのクリームをぬり、すき間を埋める。
5　コーティング用のクリームを冷蔵室からとり出し、六分立てに
　整えてから4の上面にかけ、パレットナイフできれいにぬり広
　げる(D)。残ったクリームは八分立てにし、絞り出し袋に入
　れて上面に絞り出す。くりぬいたメロンとハーブを飾る。

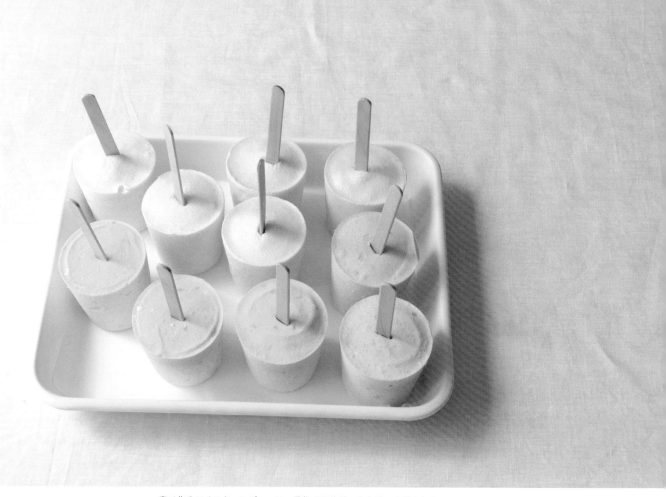

家で作るアイスキャンディーは、果物の風味がいきた夏の上等なおやつ。

メロンとマンゴーのアイスキャンディー

材料（直径7.5cmのプリン型5個分）
生クリーム …… 100㎖
メロン（またはマンゴー） …… 正味300g
砂糖 …… 60g
プレーンヨーグルト …… 50g

準備
・メロン（またはマンゴー）は皮と種を除き、一口大に切って保存用ポリ袋に入れ、冷凍する（A）。

1 生クリームは八分立てにする（p.164参照）。

2 凍ったメロン（またはマンゴー）、砂糖、ヨーグルトをフードプロセッサーまたはミキサーにかけ、ピュレ状にする。

3 **1**に**2**を加え、ゴムべらで混ぜる（B）。

4 型に流し入れてキャンディー棒をさし（C）、冷凍室で冷やし固める。

＊メロンを半分に切って果肉をきれいにくりぬいて凍らせておき、器にしてもかわいい。
＊キャンディー棒は製菓材料店で手に入る。なければストローで代用しても。

　　　　　　　　いちごシロップは旬の時期に作って冷凍しておけば、メロンといっしょに楽しめます。

メロンといちごのかき氷

材料（作りやすい分量）
[メロンシロップ]
　砂糖 …… 50g
　水 …… 100㎖
　メロン …… 正味300g
　レモン汁 …… 小さじ1
かき氷 …… 適量
飾り用メロン …… 適量

[いちごシロップ]
　砂糖 …… 50g
　水 …… 100㎖
　いちご …… 200g
　レモン汁 …… 小さじ1
かき氷 …… 適量

＊いちごがある時期に作って冷凍しておく。

メロンシロップ
1　鍋に砂糖と水を入れて中火にかけ、沸騰したら火を弱める。5
　　分ほど煮詰め、火からおろして冷ます。
2　メロンは一口大に切る。ボウルにざるをのせて種のまわりもこ
　　し（A）、それを含めて300g計量する。レモン汁、1を加えてブ
　　レンダーまたはミキサーにかけ、ピュレ状にする（B）。
3　冷凍用ポリ袋に入れて冷凍室で保存する。使うときに解凍し、
　　かき氷にかけ、小さく切ったメロンを飾る。

いちごシロップ
いちごは洗って水気をきり、へたをとる。メロンシロップと同様
に作る（C、D）。ブレンダーやミキサーがなければ、いちごはすり
おろしてピュレ状にし、そのほかの材料と混ぜて冷凍してもよい。

すいかとココナッツミルクの色の組み合わせがきれい。

杏仁豆腐風ミルク寒天

材料（4〜6人分）

粉寒天 …… 小さじ½

水 …… 150㎖

ココナッツミルクパウダー …… 30g

砂糖 …… 30g

牛乳 …… 150㎖

すいか …… 1/8個分

＊すいかがない場合は、別の果物や缶詰の果物と
　シロップを使う。

レモン汁 …… 小さじ1

飾り用のミント …… 適量

1 鍋に寒天と水を入れて中火にかけ、木べらで混ぜながら煮る。沸騰したら弱火にし、2分ほど煮て、ココナッツミルクパウダーと砂糖を加えて1分煮る。

2 火からおろし、牛乳を加えて泡立て器で混ぜる。

3 バットに流し入れ（A）、あら熱がとれたらラップをかけ、冷蔵室で2時間以上冷やし固める。

4 すいかはすりおろし（B）、種をとり除き（種が多いようならざるでこす）、レモン汁を加える。

5 器に4のすいかソースを入れ、3の寒天を型で抜いて加え、ミントを飾る。

＊写真左は、角切りにした寒天にシロップ（砂糖30gを水100㎖で煮溶かしたもの）と丸くくりぬいたすいかを加えたもの。

ヨーグルトを入れてさっぱりと。パイナップルを飾って夏らしく。

レアチーズケーキ

材料(底のとれる直径15cmの丸型1台分)
ビスケット(市販) …… 60g
バター(食塩不使用) …… 20g
クリームチーズ …… 200g
砂糖 …… 60g
プレーンヨーグルト …… 100g
レモン汁 …… 小さじ2
レモンの皮(国産のもの) …… 1/2〜1個分
板ゼラチン …… 3g
冷水 …… 適量
生クリーム …… 100ml
飾り用のパイナップル、
　ミント …… 各適量

準備
・クリームチーズは室温に戻す。
・ゼラチンは冷水に浸し、やわらかくなったら水気を絞り(p.165参照)、小さなボウルに入れる。
・レモンはよく洗い、皮(表面の黄色い部分だけ)をすりおろし、果汁を搾る。
・型の側面にオーブンペーパーを敷く。

1　ボウルにビスケットを入れ、めん棒でこまかく砕く(A)。バターを加えて手でよく混ぜ、型に平らに敷き込む(B)。

2　別のボウルにクリームチーズと砂糖を入れ、泡立て器でやわらかくなるまで混ぜる。ヨーグルト、レモン汁、レモンの皮を順に加えて混ぜる(C)。

3　ゼラチンの入ったボウルを湯せんにかけて溶かし、2を少し加えてなじませる(D)。

4　2のボウルに加え、しっかりと混ぜ合わせる。

5　生クリームは六分立てにし(p.164参照)、4に加えて混ぜる(E)。

6　1に流し入れて上面にスプーンの背で模様をつけ(F)、ラップをかけて冷蔵室で3時間以上冷やし固める。

7　型とオーブンペーパーをはずし、1cm角に切ったパイナップルとミントを飾る。

A

C

B

D

E

F

ヨーグルトを水きりするだけ。少しの手間でおいしいデザートに。

クレメダンジュ風ヨーグルト

材料（6人分）

プレーンヨーグルト …… 400g

砂糖 …… 40g

生クリーム …… 100㎖

バナナ …… 1本

はちみつ …… 小さじ6

準備

・ヨーグルトはペーパーフィルターを敷いたドリッパー（またはペーパータオルを敷いたざる）に入れ、ペーパータオルでふたをして冷蔵室で3時間ほど水きりする（p.25のA参照）。ここでは400gが200gになるくらいが目安。

1 水きりしたヨーグルト（固形分だけを使う）をボウルに入れ、砂糖を加えて泡立て器で混ぜる。

2 生クリームは八分立てにし（p.164参照）、1に加えて混ぜる（A）。

3 ガーゼや厚手のペーパータオルをぬらし、カップなどの上にふんわりとのせる。2を6等分して入れ（B）、ガーゼの上部を輪ゴムでとめる。

4 保存容器に入れ、冷蔵室で3時間冷やす。

5 ガーゼをそっとはがして器に盛り、スライスしたバナナを添えてはちみつをかける。

フローズンヨーグルト

材料（3〜4人分）
プレーンヨーグルト …… 250g
はちみつ …… 50g
好みの果物 …… 適量　＊ここではブルーベリーを使用。

準備
・器は冷やしておく。

1　ボウルにヨーグルトとはちみつを入れ（A）、泡立て器でよく混ぜる。
2　ボウルやバットなどに移し、ラップをかけて冷凍室に1〜2時間入れる。固まってきたら泡立て器やフォークでかくはんし、再び冷凍室に入れる。
3　2の作業を2〜3回くり返し、最後はゴムべらでなめらかになるまでよく練る。
4　スプーンやディッシャーで器に盛り、ブルーベリーを添える。

＊アイスクリーマーに入れて固めれば、よりなめらかに仕上がる。

　毎朝食べるヨーグルトを、夏は凍らせておやつにすることも。

ミルクシャーベット

材料（3〜4人分）
牛乳 …… 300㎖
砂糖 …… 80g
飾り用のクッキー（p.105参照）…… 適量

1　鍋に牛乳100㎖と砂糖を入れて弱火にかけ、沸騰しない程度に温める。泡立て器で混ぜ、砂糖が溶けたら残りの牛乳を加えて混ぜる。

2　ボウルやバットなどに移し、ラップをかけて冷凍室に1〜2時間入れる。固まってきたら泡立て器やフォークでかくはんし（A）、再び冷凍室に入れる。

3　2の作業を2〜3回くり返し、最後はゴムべらでなめらかになるまでよく練る。

4　スプーンやディッシャーで器に盛り、クッキーを添える。

＊アイスクリーマーに入れて固めれば、よりなめらかに仕上がる。

ミルキーなのにさっぱりした口当たり。

とうもろこしは、焼き菓子にも合います。夏の朝食にもぴったり。

とうもろこしマフィン

材料 (直径7.5cmのプリン型6個分)

とうもろこし …… 正味50g (約½本)
牛乳 …… 40mℓ
砂糖 …… 50g
塩 …… ひとつまみ
卵 …… 1個
薄力粉 …… 120g
ベーキングパウダー …… 小さじ1
バター (食塩不使用) …… 60g

準備
・ とうもろこしは皮をむき、粒に沿って縦に包丁を入れて粒をはずす (A)。
・ 型にマフィンカップやオーブンペーパーを敷く。
・ オーブンを180度に予熱する。
・ バターは湯せんにかけて溶かし、冷めないように温めておく (p.165参照)。

1 とうもろこしは大さじ1くらいをとり分け、残りはこまかく刻んで汁ごとボウルに入れ、牛乳を加える (B)。

2 砂糖、塩、卵を加え、泡立て器でよく混ぜる。

3 薄力粉とベーキングパウダーを合わせてふるい入れ、ゴムべらで混ぜ合わせる。

4 溶かしたバターととり分けたとうもろこしを加えて混ぜる。

5 型の六分目まで入れ、180度のオーブンで25分焼く。型からはずし、網の上で冷ます。

秋のお菓子

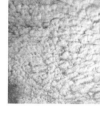

プレーン生地にココアを足して、味も見た目も思いのままに。

２色ショートブレッド

材料（作りやすい分量）

バター（食塩不使用）…… 60g

和三盆（または粉糖）…… 30g

塩 …… ひとつまみ

薄力粉 …… 75g

上新粉 …… 25g

プレーンヨーグルト …… 小さじ½

ココア …… 小さじ½

打ち粉（あれば強力粉）…… 適量

準備

・ バターは室温に戻す。

・ 天板にオーブンペーパーを敷く。

・ 途中でオーブンを160度に予熱する。

1 ボウルにバターを入れてゴムべらで練り、和三盆と塩を合わせてふるい入れ、よく混ぜる。

2 薄力粉と上新粉を合わせてふるい入れ、ポロポロの状態になるまで混ぜてなじませ、ヨーグルトを加えて練り混ぜる（A）。全体がなめらかになったら、ひとまとめにする。

3 生地を半分に分け、片方の生地にココアをふるい入れ（B）、全体がなめらかになるまでよく混ぜる。打ち粉をして台にのせ、それぞれ手のひらのつけ根で押し出すようにこねる。棒状にし、2本を並べてラップで包む（C）。ラップの上からめん棒で4mm厚さに伸ばし（D）、冷蔵室で2時間以上休ませる。

4 型で抜いたり四角く切ったりし（E）、フォークで空気穴をあける。残った生地はそれぞれ伸ばして同じ大きさにし、重ねて棒状に巻いて切る。天板に並べ、160度のオーブンで20分焼き、網の上で冷ます。

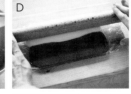
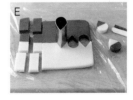

ふんわりイーストドーナツ。豆乳を加えてさっぱりと。

豆乳ドーナツ

材料（12個分）

豆乳（成分無調整）…… 100㎖

砂糖 …… 20g

塩 …… 小さじ1/4

ドライイースト …… 小さじ1/2

サラダ油（あれば米油）…… 大さじ1

薄力粉……160g

打ち粉（あれば強力粉）…… 適量

揚げ油 …… 適量

きび砂糖 …… 適量

準備

・ オーブンペーパーを8㎝角12枚に切る。

1 ボウルに豆乳、砂糖、塩、ドライイースト、サラダ油を入れ、泡立て器でよく混ぜる。

2 薄力粉の半量をふるい入れ、泡立て器で混ぜてなめらかにする。

3 残りの薄力粉をふるい入れ、ゴムべらで粉っぽさがなくなってなめらかになるまでよく混ぜる（A）。

4 ラップをかけて冷蔵室に入れ、倍量にふくらむまで6時間（または室温で1～2時間）休ませる（一次発酵）（B）。

5 打ち粉をして台にのせ、12等分に切る。打ち粉をした手で丸め（C）、ラップをかけて5分ほどおく。

6 丸めた生地の真ん中に親指をさし入れ、穴をあけて輪を広げ（D）、オーブンペーパーにのせる。ラップをかけて室温に15分ほどおく（二次発酵）。

7 揚げ油を170～180度に熱し、生地をオーブンペーパーごとそっと入れる（E）。紙がはがれたら菜箸で引き上げ、片面が色づいたら上下を返し（F）、きつね色になるまで揚げて網にのせる。

8 揚げたてにきび砂糖をふる。

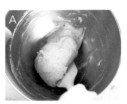

しっとりケーキドーナツ。砂糖をまぶすだけでもおいしい。

豆腐ドーナツ

材料(約20個分)

絹ごし豆腐 …… 1/3丁 (100g)

砂糖 …… 30g

溶き卵 …… 1/2個分

サラダ油 (あれば米油) …… 20㎖

薄力粉 …… 150g

ベーキングパウダー …… 小さじ1

打ち粉 (あれば強力粉) …… 適量

揚げ油 …… 適量

砂糖 …… 適量

生クリーム …… 100㎖

好みのジャム …… 適量

1　ボウルに豆腐を入れて泡立て器でくずし、砂糖、溶き卵、サラダ油を加えてよく混ぜる(A)。

2　薄力粉とベーキングパウダーを合わせてふるい入れ、ゴムべらで混ぜる(B)。

3　全体がなじんだらひとまとめにし、打ち粉をして台にのせ、めん棒で1.5㎝厚さに伸ばし、直径3㎝の丸型で抜く(C)。残った生地は手で一口大に丸める。

4　揚げ油を160～170度に熱して**3**をそっと入れ、きつね色になるまで揚げて網にのせる。

5　あら熱がとれたら、砂糖をまぶしてから上部を切り離し、泡立てた生クリームとジャムをはさむ。

熱々も冷えても、どちらでもおいしくいただけます。

スイートポテト

材料（直径7cmのココット4個分）

さつまいも …… 正味250g（2本）
牛乳 …… 適量
水 …… 適量
砂糖（あればきび砂糖）…… 40g
バター（食塩不使用）…… 10g
卵黄 …… 1個分
生クリーム …… 50ml

準備

・オーブンを180度に予熱する。
・卵黄は溶きほぐし、半量を別のボウルにとり分ける。残りは水少々（分量外）を加えて混ぜる。

1　さつまいもは皮をむき、1cm厚さの輪切りにする。鍋に入れ、さつまいもがかぶるくらいまで、牛乳と水をほぼ同量になるように加える。弱めの中火にかけ、やわらかくなるまで10〜20分ゆでてざるにあげる。

2　ボウルに入れてすりこぎでつぶす（A）。

3　砂糖とバターを加えてゴムべらで混ぜる。卵黄の半量と生クリームを加え、さらに混ぜる。

4　ココットに入れて表面を平らにし、上面に卵黄と水を混ぜたものを刷毛でぬる。フォークですじをつけ（B）、180度のオーブンで20分焼く。

＊さつまいもをゆでるときに牛乳を加えると、色がきれいになり、しっとりと仕上がる。

A

B

ふんわり感とほのかな甘みは、さつまいものおかげです。

さつまいもスコーン

材料(直径4cm16個分)

さつまいも …… 正味150g (1本)
牛乳 …… 適量
水 …… 適量
砂糖 (あればきび砂糖) …… 40g
塩 …… ひとつまみ
牛乳 …… 35ml
卵 …… 1個
薄力粉 …… 200g
ベーキングパウダー …… 小さじ2
バター (食塩不使用) …… 40g
打ち粉 (あれば強力粉) …… 適量

準備

・卵は溶きほぐして40gを計量し、別のボウル
　にとり分ける。残りはさらによく溶きほぐし、
　水小さじ1/2 (分量外)を加えて混ぜる。
・バターは小さく切る。
・天板にオーブンペーパーを敷く。
・オーブンを210度に予熱する。

1 さつまいもはp.95の**1~2**を参照して
　ゆでてざるにあげ、ボウルに入れてす
　りこぎでつぶす。

2 砂糖と塩、牛乳を加えてゴムべらで混
　ぜ、溶き卵40gを加えてよく混ぜる
　(A)。

3 別のボウルに薄力粉とベーキングパウダーを合わせてふるい入
　れ、バターを加えてさらさらの状態になるまで指でつぶす。**2**
　を加え(B)、ゴムべらで練り混ぜる(C)。

4 全体がなじんだらひとまとめにし、打ち粉をして台にのせ、め
　ん棒で2cm厚さにのばす。二つに折り、再び2cm強厚さにのば
　す(D)。

5 直径4cmの丸型で抜き、残りは手で丸めて天板に並べる。上面
　に溶き卵と水を混ぜたものを刷毛でぬり(E)、210度のオーブ
　ンで12分焼く。焼きたてにバター(分量外)を添える。

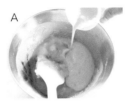

さつまいも感がおもしろい、まろやかキャラメル。

さつまいもキャラメル

材料（11×15cmの流し缶1台分）

さつまいも …… 正味100g（小1本）

砂糖（あればグラニュー糖）…… 100g

はちみつ …… 50g

水 …… 大さじ2

バター（食塩不使用）…… 20g

生クリーム …… 200mℓ

塩 …… ひとつまみ

準備

・さつまいもは皮をむき、やわらかくなるまで
　蒸して裏ごしをする。

・流し缶にオーブンペーパーを敷く。

1　鍋に砂糖、はちみつ、水を入れ、弱火にかけて溶かす。バター、生クリームの半量を加え、ふたをして弱火で10分煮る。

2　残りの生クリーム、さつまいも、塩を加え（A）、泡立て器で混ぜる。ふたをして弱火で10分煮て、とろみがついたらふたをとる。ときどき木べら（または耐熱のゴムべら）で混ぜ、茶色く色づいてねばりが出てきたら（B）、火を止める。

3　泡がおさまるのを待って流し缶に流し入れ、あら熱がとれたらラップをかけて冷蔵室に入れる。よく冷えてから1.5cm角に切る（C）。

＊冷蔵室で1週間ほど保存できる。

　　　　　　　かぼちゃプリン　　さっぱり味のプリンなので、ホイップクリームを添えても。

かぼちゃプリン

材料 (7×14×深さ6㎝の耐熱容器1台分)
かぼちゃ …… 約¼個
[キャラメルソース]
　｜ 砂糖 …… 40g
　｜ 湯 …… 小さじ3
牛乳 …… 220㎖
卵 …… 2個
砂糖 …… 30g
生クリーム …… 適量

準備
・ 耐熱容器にバター (分量外) を薄くぬる。
・ 途中でオーブンを150度に予熱する。
・ 湯せん用の湯を沸かす。

1 かぼちゃペーストを作る。かぼちゃは種とわたをとり除き、大きめの角切りにする。蒸し器で20分ほど蒸し、やわらかくなったら皮をとり除いて裏ごしをする (A、B)。120gを計量して鍋に入れる (C)。

2 キャラメルソースを作る。鍋に砂糖40gと湯小さじ1を入れ、ふたをして中火にかける (D)。砂糖が溶けて色づき始めたらふたをとり、ときどき鍋を揺すって全体が茶色くなったら火を止め、湯小さじ2を加えてなじませる(E)。容器に流し入れる。

3 かぼちゃを入れた鍋に牛乳を少しずつ加え、泡立て器で混ぜる。中火にかけ、沸騰しない程度に温める。

4 ボウルに卵を入れて泡立て器でよく混ぜ、砂糖を加えて混ぜる。3を少しずつ加えてそのつど混ぜ (F)、万能こし器でこす (G)。

5 2に流し入れ (H)、上面の泡をとり除く。ペーパータオルを敷いた天板にのせて湯を深さ2㎝ほどはり (I)、150度のオーブンで40〜50分湯せん焼きにする。指でさわったときに弾力があるくらいが目安。

6 焼き上がったらそのままオーブン内に5分ほどおき、余熱で火を通してからとり出す。あら熱がとれたら、ラップをかけて冷蔵室で2時間冷やす。

7 容器からはずして切り分け、器に盛る。泡立てた生クリームを添える。

キャラメル風味のバタークリームをサンド。ミルキーな風味が広がります。

キャラメルクッキーサンド

材料（直径4.5cm 12個分）

[クッキー生地]

　バター（食塩不使用）…… 60g

　きび砂糖（または粉糖、和三盆）…… 20g

　塩 …… ひとつまみ

　卵黄 …… 1個分

　薄力粉 …… 100g

打ち粉（あれば強力粉）…… 適量

[キャラメルクリーム]…… 40g

　砂糖 …… 80g

　水 …… 小さじ2

　生クリーム …… 100ml

＊キャラメルクリームは作りやすい分量。

バター（食塩不使用）…… 60g

準備

・バターと卵黄は室温に戻す。

・天板にオーブンペーパーを敷く。

・途中でオーブンを170度に予熱する。

・絞り出し袋に星形口金をつけ、コップなどに
　入れて上部を折り返す（p.165参照）。

1　クッキー生地を作る。ボウルにバターを入れてゴムべらで練り、
　きび砂糖と塩を加えてよく混ぜる。

2　卵黄を加えて混ぜ、薄力粉をふるい入れて混ぜ、全体がなじん
　だらひとまとめにする。打ち粉をして台にのせ、手のひらのつ
　け根で押し出すようにしてこねる（A）。

3　ラップで包み、冷蔵室で1時間休ませる。

4　打ち粉をしながら再びこね、24等分に切り分けて手で丸める。
　天板に間隔をあけて並べ、ラップをかけてコップやアルミカッ
　プの底（直径4.5cm）を押しつけ（B）、大きさと厚みを均一にす
　る。ラップをかけ、冷蔵室で1時間休ませる。

5　170度のオーブンで18分焼き、網の上で冷ます。

6　キャラメルクリームを作る。鍋に砂糖と水を入れ、ふたをして
　弱火にかける。砂糖が溶けて色づき始めたらふたをとり、とき
　どき鍋を揺する。全体が茶色くなったら、火を止めて生クリー
　ムを少しずつ加えて木べらで混ぜる（C）。しっかり冷ます。

7　ボウルにバターを入れて泡立て器でクリーム状になるまで混ぜ、
　キャラメルクリーム40gを計量して加え、混ぜる。

8　絞り出し袋に入れ、クッキーの上にぐるりと絞り出し（D）、も
　う1枚ではさむ。冷蔵室で冷やして落ち着かせる。

＊残ったキャラメルクリームは、冷蔵で2週間ほど保存できる。パンにぬったり、アイ
　スクリームやパンケーキにかけたりしてもおいしい。

ほどよい塩味がアクセント。いろんなチーズで試してみて。

チーズのタルト

材料(直径16cmのタルト型1個分)

タルト生地
　…… p.105のクッキー生地と同じ
打ち粉(あれば強力粉) …… 適量
[フィリング]
　クリームチーズ …… 100g
　バター(食塩不使用) …… 10g
　砂糖 …… 20g
　薄力粉 …… 小さじ1
　溶き卵 …… 1/2個分
　チーズ(エダムやチェダーなど) …… 20g
　生クリーム …… 40mℓ

準備
・クリームチーズ、バターは室温に戻す。
・チーズはすりおろす。
・型にバター(分量外)を薄くぬる。
・途中でオーブンを170度に予熱する。

1　タルト生地を作る。p.105の**1〜3**と同様に作るが、160gと40g
　に分けてそれぞれラップで包み(A)、冷蔵室で1時間休ませる。

2　160gの生地を打ち粉をしながら再びこね、ラップを敷いた上
　にのせ、めん棒で3mm厚さにまるくのばす。型に空気が入らな
　いように敷き込み、余分を切り落としてフォークで空気穴をあ
　ける(B)。ラップをかけ、冷蔵室で1時間休ませる。

3　**2**の上にオーブンペーパーを敷いて重石をのせ(C)、170度のオー
　ブンで15分焼く。オーブンペーパーと重石をはずし、さらに
　5分焼く。

4　フィリングを作る。ボウルにクリームチーズとバターを入れて
　ゴムべらで練り、砂糖を加えて泡立て器でよく練る。

5　薄力粉をふるい入れ、溶き卵、チーズ、生クリームを順に加え、
　そのつどよく混ぜる。

6　**3**に流し入れ(D)、170度のオーブンで25分焼き、型からはず
　して網の上で冷ます。

＊残りの生地40gはクッキーにするとよい。直径20cmのタルト型で作る場合は、生地を
　全量(200g)使用し、フィリングの量を倍にして**6**で30分焼く。

紅玉の甘酸っぱさを卵のフィリングでやさしく包み込みます。

紅玉りんごのタルト

材料（直径16cmのタルト型1台分）

タルト生地
　…… p.105のクッキー生地と同量
打ち粉（あれば強力粉）…… 適量
[フィリング]
　薄力粉 …… 小さじ1
　砂糖 …… 15g
　バニラビーンズ …… 2cm
　生クリーム …… 50mℓ
　溶き卵 …… 1/2個分
　りんご（紅玉）…… 1個

準備
・バニラビーンズはさやに切り込みを入れて種
　をとり出す。
・途中でオーブンを170度に予熱する。

1 p.107の**1**〜**3**を参照してタルト生地を作る。

2 フィリングを作る。ボウルに薄力粉と砂糖を合わせてふるい入れ、バニラビーンズの種を加え、泡立て器で混ぜる。

3 生クリームを少しずつ加え、ダマにならないように泡立て器で混ぜ、溶き卵を加えてよく混ぜる（A）。

4 りんごは皮をむいて芯をとり、2mm厚さに切る（B）。

5 タルト生地にりんごを並べ、**3**を流し入れる（C）。

6 170度のオーブンで25分焼き、型からはずして網の上で冷ます。

＊直径20cmのタルト型で作る場合は、p.107の右下（＊欄）参照。

ヨーグルトに加えたり、かために煮詰めて小さく切ったりしても。

紅玉りんごのゼリー

材料(作りやすい分量)

りんご(紅玉) …… 約500g (2〜3個)

水 …… 約800㎖

砂糖 …… 約400g (りんごの重さの8割)

レモン汁 …… 大さじ1

準備

・りんごは洗い、皮と芯をつけたまま8等分のくし形に切り、さらに3等分に切る。

1 鍋にりんごと水を入れ、りんごがやわらかくなるまで落としぶたをして1時間ほど弱火で煮る(A)。

2 ボウルにペーパータオルやふきんを敷いたざるをのせ、1のりんごをこす(B)。搾らず、自然に落ちるのを待つ。

3 ボウルにたまった水分を鍋に入れ、砂糖とレモン汁を加え、とろみがつくまで弱火で30分ほど煮る。清潔な保存容器に入れ(C)、あら熱がとれたら冷蔵室で冷やし固める。

＊煮詰め具合とりんごのペクチン量によって固まり具合に差が出る。

＊冷蔵室で6カ月ほど保存できる。

紅玉りんごのペーストの作り方

2で残ったりんごをざるでこし、皮、芯、種をとる(D)。りんごを計量してから鍋に入れ、重量の2割の砂糖とレモン汁小さじ1を加え、弱めの中火で5分ほど煮詰める(E)。

＊りんごのゼリーを作ったあとだけの、お楽しみペースト。清潔なびんや保存容器に入れ、冷蔵室で2週間ほど保存できる。

サクッと軽くて香ばしいから、コーヒーといっしょに。

アーモンドメレンゲ

材料(直径4cm 24個分)

卵白 …… 60g (約1.5個分)

きび砂糖 a …… 55g

きび砂糖 b …… 45g

アーモンドパウダー …… 20g

生クリーム …… 適量

準備
・天板にオーブンペーパーを敷く。
・オーブンを130度に予熱する。

1 ボウルに卵白ときび砂糖 a 少々を入れ、ハンドミキサーの高速で泡立てる。ふんわりとしてきたら残りのきび砂糖 a を3回に分けて加えながら泡立て、しっかりとしたツヤのあるメレンゲを作る(A)。

2 きび砂糖 b とアーモンドパウダーを合わせてふるい入れ、ゴムべらで混ぜる(B)。

3 スプーンで24等分になるようにすくって天板にのせる(C)。

4 130度のオーブンで1時間焼き、網の上で冷ます。器に盛り、泡立てた生クリームを添える。

＊湿気やすいので、冷めたら保存容器に入れる。

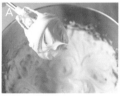

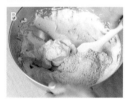

スプーンで盛りつける簡単モンブラン。マロンペーストを栗の皮に詰めても。

モンブラン風おやつ

材料（8個分）

[マロンペースト]

　栗 …… 400g（皮つき）

　砂糖 …… 60g

　熱湯 …… 大さじ2

アーモンドメレンゲ（p.113参照）…… 8個

生クリーム …… 100mℓ

1 マロンペーストを作る。大きめの鍋に栗とたっぷりの水を入れ、中火にかける。沸騰したら弱めの中火にして40分〜1時間ゆで、ざるにあげる。

2 包丁で半分に切ってスプーンで中身をすくい（A）、ボウルに入れて300gを計量し、すりこぎやフォークでつぶす。砂糖と熱湯を加え、ゴムべらで混ぜてなじませる（B）。

3 生クリームは六分立てにする（p.164参照）。

4 器にアーモンドメレンゲ1個をのせ、マロンペースト適量をのせ（C）、**3**をスプーンでのせる。メレンゲ（分量外）を細かくすりおろし、ふんわりとかける。

＊残ったマロンペーストはマロンパフェ（p.117参照）のほか、ラップでぎゅっと包んで茶巾にしたり、泡立てた生クリームといっしょにロールケーキの具にしたりしてもおいしい。

＊冷蔵室で3〜4日保存できる。

栗のシロップ煮

材料(作りやすい分量)
栗 …… 400g(皮つき)
牛乳 …… 100㎖
水 …… 400㎖
砂糖 …… 160〜200g
ラム酒 …… 大さじ1

1 鍋に湯を沸かし、火を止める。栗を1/4量ずつ入れ、3分たったらとり出す。包丁で鬼皮をむいて渋皮を厚めにむき、水をはったボウルに入れる。残りの栗も同様にする。

2 鍋に入れ、かぶるくらいの水(分量外)と牛乳を加え、弱火にかける。沸騰したら落としぶたをして5〜10分煮る(A)。

3 別の鍋に水と砂糖を入れて中火にかけ、沸騰したら火を止めてラム酒を加える。

4 2の栗をざるにあげてさっと洗い、ペーパータオルで水気をふきとり(B)、3に加える。落としぶたをして弱火で5分煮て、そのまま煮汁につけて冷ます。

*清潔なびんや保存容器に煮汁ごと入れ、冷蔵室で1週間ほど保存できる。煮沸消毒した保存びんに熱いうちに入れて脱気すれば(p.17参照)、冷蔵室で3カ月ほど保存可能。

毎年楽しみたい、栗仕事のひとつ。風味よく仕上がります。

マロンパフェ

材料(4人分)

マロンペースト(p.115参照) …… 200g

バニラアイスクリーム(市販) …… 400㎖

栗のシロップ煮(p.116参照) …… 大さじ4

準備
・ 絞り出し袋にモンブラン用口金をつけ、コップなどに入れて上部を折り返す(p.165参照)。

1　マロンペーストは裏ごしをし(A、B)、絞り出し袋に入れる。

2　グラスにバニラアイスを入れ、マロンペーストをこんもりと絞り(C)、好みで泡立てた生クリームをのせ、小さく切った栗のシロップ煮を添える。

＊栗のシロップ煮は煮くずれしたものを使うとよい。

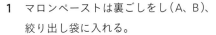

いろいろ残ったら作ってほしい、栗好きのためのパフェ。

ほどよい甘さのチョコパウンド。ナッツは表面に散らせば空焼き不要です。

チョコレートパウンドケーキ

材料（18×8×6cmのパウンド型1台分）

バター（食塩不使用）…… 100g

砂糖（あればきび砂糖）…… 70g

卵 …… 2個

薄力粉 …… 90g

ココア …… 10g

シナモンパウダー …… 小さじ1/2

アーモンドパウダー …… 20g

ベーキングパウダー …… 小さじ1

プレーンヨーグルト …… 大さじ1

セミスイートチョコレート（製菓用）
　　…… 90g

＊粒状のタブレットを使用。板チョコの場合はあらく刻む。

好みのナッツ（ピスタチオ、ヘーゼルナッツなど）
　　…… 20g

準備
・バターと卵は室温に戻す。
・型にオーブンペーパーを型よりも少し高くなるように敷く（p.165参照）。
・ナッツは半分に切る。
・オーブンを170度に予熱する。

1　ボウルにバターを入れて泡立て器でやわらかいクリーム状になるまで混ぜ、砂糖を加える。

2　ふんわりと空気を含んで白っぽくなるまで混ぜ（A）、溶きほぐした卵を3～4回に分けて加え、そのつどよく混ぜる。

3　薄力粉、ココア、シナモンパウダー、アーモンドパウダー、ベーキングパウダーを合わせてふるい入れ（B）、ゴムべらでなめらかになるまで混ぜる。ヨーグルトを加えて混ぜる。

4　別のボウルにチョコレート60gを入れ、湯せんに（または300Wの電子レンジに2分）かけて溶かす。ゴムべらで3を少しすくい入れ（C）、なじむように混ぜ、3のボウルに加えて混ぜる。

5　型に半量を流し入れ、スプーンの背で表面を平らにする。残りのチョコレートを並べる（D）。

6　残りの生地を流し入れ、表面を平らにしてナッツを散らす（E）。170度のオーブンで40分焼く。

7　型からはずして網の上で冷まし、あら熱がとれたらオーブンペーパーをはがし、冷めてから切り分ける。

バターと砂糖でソテーした、キャラメル風味のとろりとした洋梨が楽しめます。

洋梨のフラン

材料（4人分）

砂糖 …… 30g

薄力粉 …… 大さじ1

牛乳 …… 90㎖

卵 …… 1個

卵黄 …… 1個分

生クリーム …… 90㎖

洋梨 …… 2個

バター（食塩不使用）…… 10g

砂糖 …… 大さじ2

準備
・ オーブンを180度に予熱する。

1 ボウルに砂糖と薄力粉を合わせてふるい入れ、牛乳を少しずつ加えて泡立て器で混ぜる（A）。溶きほぐした卵と卵黄を加えて混ぜ、生クリームを加えて混ぜる。

2 洋梨は皮をむいて8等分に切り、芯をとる。フライパンにバターを入れ、中火にかけて溶かし、洋梨と砂糖を入れて強火で炒める（B）。洋梨に焼き色が薄くついたら、火を止める。

3 耐熱容器に2を並べ入れ、1を流し入れる（C）。180度のオーブンで25分焼く。

＊焼きたての熱々も、冷蔵庫で冷たくしてもおいしい。
＊チーズのタルト（p.107）のように空焼きにしたタルト生地に流し入れて焼くのもおすすめ。

洋梨のコンポート

材料（作りやすい分量）
洋梨 ⋯⋯ 2個
レモンの輪切り（国産のもの）⋯⋯ 2枚
砂糖 ⋯⋯ 30g

1　洋梨は皮をむいて4等分に切り、芯を
　　とる（A）。耐熱ボウルに入れ、レモン
　　をのせて砂糖をふる（B）。ラップをふ
　　んわりとかけ、電子レンジで3分加熱
　　する。

2　ボウルをとり出し、ゴムべらで混ぜる。
　　再びラップをかけて電子レンジで2分
　　加熱する。

3　空気に触れないようにラップをかけ直
　　し、あら熱がとれたら冷蔵室で冷やす。

　　レンジで簡単に。ひそかに一番おすすめのデザート。

いちじくのシャーベット

材料（作りやすい分量）

いちじく …… 正味300g

砂糖 …… 60g

水 …… 100㎖

レモン汁 …… 小さじ2

準備
・いちじくは皮をむいて一口大に切り（A）、保
　存用ポリ袋に入れて冷凍する。

1　鍋に砂糖と水を入れて中火にかけ、沸
　　騰したら火を弱める。5分ほど煮詰め、
　　火からおろして冷ます。

2　凍ったいちじく、1、レモン汁をフー
　　ドプロセッサーまたはミキサーにかけ
　　（B）、ピュレ状にする。スプーンやデ
　　ィッシャーで器に盛る。

南仏で食べた、生いちじくのジェラートが忘れられずに再現。

冬のお菓子

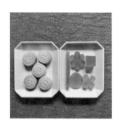

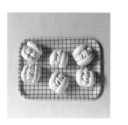

思い立ったらすぐできる、普通のシンプルなホットケーキ。

ホットケーキ

材料 (直径 10 cm 6枚分)

卵 …… 1個

砂糖 …… 30g

塩 …… ひとつまみ

プレーンヨーグルト …… 50g

水 …… 50mℓ

サラダ油 (あれば米油) …… 35mℓ

薄力粉 …… 100g

ベーキングパウダー …… 小さじ1

バター (食塩不使用) …… 適量

メープルシロップ …… 適量

1 ボウルに卵、砂糖、塩、ヨーグルト、水を入れ、泡立て器で混ぜる。

2 サラダ油を加えて混ぜる (A)。

3 薄力粉とベーキングパウダーを合わせてふるい入れ、混ぜる (B)。

4 フライパン (フッ素樹脂加工または厚めの鉄製) を中火にかけて熱し、バター少々 (分量外) を入れてキッチンペーパーで薄くのばす。3 をレードルで流し入れ、ふたをして5分焼く。

5 表面にプツプツと小さな泡が出てきたら (C)、上下を返し (D)、ふたをして弱火でさらに3分焼く。

6 器に盛り、バターとメープルシロップを添える。

香ばしさが好評で、みんなにレシピを聞かれます。

くるみとごまのクッキー

材料（20枚分）

黒砂糖 …… 30g

塩 …… ひとつまみ

水 …… 大さじ2

サラダ油（あれば米油）…… 50㎖

薄力粉 …… 110g

ベーキングパウダー …… 小さじ1/2

くるみ …… 1/2カップ
（い）

炒り黒ごま …… 大さじ2

準備
・ くるみは細かく刻む。
・ 天板にオーブンペーパーを敷く。
・ オーブンを160度に予熱する。

1　ボウルに黒砂糖、塩、水を入れて泡立て器で混ぜ、サラダ油を
　　加えてさらに混ぜる。

2　薄力粉とベーキングパウダーを合わせてふるい入れ、ゴムべら
　　で混ぜる。くるみと黒ごまを加えて混ぜる（A）。

3　20等分し、手のひらで平らに丸める（B）。天板に並べ、160度
　　のオーブンで25分焼き、網の上で冷ます。

A

B

　　　　　アップルパイ　　　熱々のアップルパイにアイスクリームを添えて。

アップルパイ

材料 (直径約18cm 1個分)

[練りパイ生地]

薄力粉 …… 60g

強力粉 …… 60g

バター (食塩不使用) …… 75g

水 …… 45mℓ

塩 …… 小さじ½

打ち粉 (強力粉) …… 適量

[フィリング]

りんご (ふじなど) …… 2個

りんごジュース (果汁100％のもの)

　　　…… 200mℓ

レモン汁 …… 大さじ1

牛乳 …… 適量

準備

・バターは小さく切る。

・水に塩を加えて混ぜる。

・天板にオーブンペーパーを敷く。

・途中でオーブンを200度に予熱する。

1　パイ生地を作る。ボウルに薄力粉と強力粉を合わせてふるい入れ、バターを加えてさらさらの状態になるまでカードで細かく刻む (A、B)。

2　塩水を加えてカードで刻みながら混ぜ、ひとまとめにする (C)。

3　台の上にラップを敷き、打ち粉をした**2**をのせ、めん棒で2mm厚さにまるくのばす (D)。ラップをかけ、冷蔵室で1時間以上休ませる。

4　フィリングを作る。りんごは皮をむいて8等分のくし形に切り、芯をとってさらに3等分に切る。

5　フライパン (フッ素樹脂加工) にりんごを入れ、りんごジュースとレモン汁を加える (E)。中火にかけてふたをし、煮立ったら弱火にする。りんごが透き通ってきたらふたをとって水分を飛ばし (F)、鍋底にくっついてきたら火を止め、そのまま冷ます。

6　**3**を天板にのせてフォークで空気穴をあけ、真ん中に**5**を並べ (G)、縁にひだを寄せながら立たせる (H)。

7　パイ生地の表面に刷毛で牛乳をぬり (I)、200度のオーブンで40〜50分、180〜190度に下げて10分焼く。切り分けて器に盛り、好みでバニラアイスクリームを添える。

りんごを切ってオーブンで焼くだけなのに、とびきりおいしい。

焼きりんご

材料（3〜4人分）
りんご（ふじ）…… 2個
砂糖 …… 大さじ2
レモン汁 …… 大さじ½
バター（食塩不使用）…… 10g
生クリーム …… 適量

準備
・ 天板にオーブンペーパーを敷く。
・ オーブンを180度に予熱する。

1　りんごは皮をむいて6等分のくし形に切り、芯をとる。

2　ボウルに入れて砂糖、レモン汁をまぶし、5分ほどおく。天板に並べ、バターをちぎって全体にちらす（A）。

3　180度のオーブンで、途中でりんごの上下を返し（B）、場所を変えながら、薄茶色になり、やわらかくなるまで1時間ほど焼く。

4　器に盛り、泡立てた生クリームを添える。

ふじで作れば、砂糖が少なめでも濃厚な味わいです。

タルトタタン

材料
(直径 8 × 深さ 5 cmのココット 3 〜 4 個分)

練りパイ生地 …… p.132 と同量
[焼きりんご]
| りんご (ふじ) …… 6 個
| 砂糖 …… 大さじ 4
| レモン汁 …… 大さじ 1
| バター (食塩不使用) …… 15 g
生クリーム …… 適量

準備
・p.132の**1〜3**を参照してパイ生地を作り、め
　ん棒で 3 mm厚さにのばして同様に休ませる。
・p.135の**1〜3**を参照して焼きりんごを作る。
・ココットにバター (分量外) をぬり、グラニュー
　糖 (分量外) をまぶす。
・天板にオーブンペーパーを敷く。
・途中でオーブンを 200 度に予熱する。

1　パイ生地にココットを逆さにしてのせ、小さめの包丁で縁に合
　　わせてまるく切る。天板にのせてフォークで空気穴をあけ、
　　200 度のオーブンで 15 〜 20 分焼く。

2　ココットに焼きりんごをびっしりと並べ入れ (A)、170 度のオ
　　ーブンで 45 分焼く。途中でりんごがふくらんできたら、フライ
　　返しなどで押し込む。

3　焼き上がったらオーブンからとり出し、上面を整えてオーブン
　　ペーパーをかぶせ、3 時間ほどおく。

4　フライパンに湯をはり、ココットの底を当てて温め、**1**のパイ
　　生地をかぶせ (B)、逆さにしてパレットナイフで型からそっと
　　はずして器に盛る。泡立てた生クリームを添える。

みかんジャム

材料(作りやすい分量)
みかん …… 正味300g
砂糖 …… 90g
レモン汁 …… 大さじ1

準備
・ 保存びんはよく洗い、予熱なしで160度の
　オーブンに10分入れて乾かす。
・ ふたは鍋で煮沸消毒する。

1 みかんは皮をむき、薄皮ごとあらく刻
　む(A)。
2 鍋にみかん、砂糖、レモン汁を入れ、
　弱火にかけて10分ほど煮て(B)、みか
　んがやわらかくなったら火を止める。
3 ブレンダーまたはミキサーにかけてピ
　ュレ状にし、鍋に戻し入れて弱火で5
　分ほど煮詰める。
4 熱いうちにびんに入れ、ふたをぎゅっ
　としめ(軍手をする)、逆さにして冷ます。

＊スポンジ生地やヨーグルトと合わせれば、ミニパフェ
　風に。
＊冷蔵室で1カ月ほど保存できる。

みかんのやさしい味わいときれいな色で、すっかり冬の定番に。

皮を薄くそいで細く切って煮るだけ。お菓子のアクセントにも。

ゆずピール

材料（ゆず1個分）
ゆずの皮 …… 1個分
水 …… 100ml
砂糖 …… 40g
ゆずの搾り汁 …… 小さじ1

準備
・ゆずはよく洗い、半分に切って果汁を搾る。

1　ゆずは半分に切った皮を4等分のくし
　　形に切り、包丁で白いわたの部分を薄
　　くそいでとり除き（A）、せん切りにす
　　る（B）。

2　小さな鍋に1とかぶるくらいの水を入
　　れて中火にかけ、沸騰させる。ざるに
　　あげ、皮を鍋に戻し入れる。

3　水100mlと砂糖を加え、弱火で10分
　　ほど煮る。

4　皮に透明感とツヤが出てきたら、ゆず
　　の搾り汁を加える。ひと煮立ちさせて火を止め、あら熱がとれた
　　ら冷蔵室で冷やす。

＊冷蔵室で2週間ほど保存できる。

ゆずの皮を使ったあと余りがちな果汁を使った、なめらかな冬のレアチーズ。

ゆずのレアチーズケーキ

材料（5人分）

クリームチーズ …… 150g

砂糖 …… 60g

板ゼラチン …… 3.5g
冷水 …… 適量

プレーンヨーグルト …… 120g

ゆずの搾り汁 …… 大さじ2

生クリーム …… 100㎖

生クリーム …… 50㎖
はちみつ …… 5g

ゆずピール（p.139参照）…… 適量

準備

・クリームチーズは室温に戻す。

・ゼラチンは冷水に浸し、やわらかくなったら
　水気を絞り（p.165参照）、小さなボウルに入
　れる。

1　ボウルにクリームチーズと砂糖を入れ、
　　泡立て器でやわらかくなるまで混ぜる。

2　ゼラチンの入ったボウルを湯せんにか
　　けて溶かし、1を少し加えてなじませ
　　る（A）。

3　1に2を加え、しっかりと混ぜ合わせ
　　る。

4　ヨーグルト、ゆずの搾り汁を順に加え
　　て混ぜる（B）。

5　ボウルの底を氷水に当て、ゴムべらで
　　混ぜながらとろみをつける（C）。

6　生クリーム100㎖は九分立てにし（p.164参照）、5に2回に分け
　　て加え、泡立て器で混ぜる（D）。

7　器に流し入れ（E）、ラップをかけて冷蔵室で2時間以上冷やす。

8　ボウルに生クリーム50㎖とはちみつを入れ、六分立てにする
　　（p.164参照）。7にのせ、ゆずピールを飾る。

＊ゆずピールがなければ、薄くそいだゆずの皮を添えても。

たまご色のふんわり蒸しケーキ。ゆずを加えて冬仕様に。

ゆずの蒸しケーキ

材料（18×8×深さ6cmのパウンド型1台分）

卵 …… 1個

砂糖 …… 50g

薄力粉 …… 60g

上新粉 …… 20g

ベーキングパウダー …… 小さじ1

サラダ油（あれば米油）…… 50㎖

プレーンヨーグルト …… 40g

ゆずの皮 …… 1個分

ゆずの搾り汁 …… 小さじ2

準備

・型にオーブンペーパーを型よりも少し高くな
るように敷く（p.165参照）。型の底と側面を
アルミホイルでぴったりとおおう（A）。

・ゆずはよく洗い、皮（表面の黄色い部分だけ）
の半量をすりおろし、残りの皮は飾り用に丸
くそぐ。果汁を搾る。

・深めの鍋に湯を深さ2cmほどはり、器などを
入れて蒸し台を作る（E）。

・ふたをふきんで包む。

1 ボウルに卵と砂糖を入れ、ハンドミキ
サーの高速で泡立てる。ふんわりとボ
リュームが出てきたら低速にし、すく
い落としたときリボン状になるまでし
っかり泡立てる（B）。

2 薄力粉、上新粉、ベーキングパウダー
を合わせてふるい入れ、サラダ油、ヨ
ーグルト、すりおろしたゆずの皮と搾
り汁を加え、ゴムべらでよく混ぜる
（C）。

3 型に流し入れ（D）、鍋に入れる（E）。そいだゆずの皮をのせ、
少しずらしてふたをして強めの中火で15分蒸し、弱火にして
さらに10分蒸す。竹串をさして生地がついてこなければ蒸し
上がり。

4 型からはずして網の上で冷まし、あら熱がとれたらオーブンペー
パーをはがし、冷めてから切り分ける。

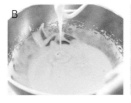

みかんは、ジューシーで甘いうちにお菓子にするのもおすすめです。

みかんのロールケーキ

材料（25×29cmの天板1台分）

[スポンジシート]
- 卵 …… 3個
- 砂糖 …… 80g
- 薄力粉 …… 50g
- サラダ油（あれば米油）…… 35mℓ

みかんジャム（p.138参照）…… 60g

＊なければ、ぬらなくてもOK。

みかん …… 4〜5個

生クリーム …… 150mℓ

はちみつ …… 10g

飾り用のみかん …… 適量

準備
- 天板にオーブンペーパーを2枚重ねて敷く（p.165参照）。
- オーブンを200度に予熱する。

1 スポンジシートを作る。ボウルに卵と砂糖を入れ、ハンドミキサーの高速で泡立てる。すくい落としたとき生地がしっかり残るくらいになったら（A）、低速にして1分泡立ててキメを整える。

2 薄力粉をふるい入れ、泡立て器で底からすくい上げるようにゆっくり混ぜる。

3 サラダ油を加え、ゴムべらで混ぜる。

4 天板に流し入れ（B）、表面を平らにし、あれば天板をもう1枚下に重ねて（p.64参照）200度のオーブンで12分焼く。

5 p.64の6〜7と同様に冷まし、生地の片方の端を斜めに切り落としてすじを入れる。みかんジャムをスプーンでぬり広げる。

6 みかんは皮つきのまま5mm厚さの輪切りにし、皮をむく（C）。

7 生クリームにはちみつを加え、九分立てにする（p.164参照）。

8 5に7を均一にぬり、端を3cmあけてみかんを3列並べる（D）。ラップごと持ち上げ、切り落としていないほうの端3cmを折り返して芯を作り、巻く（E）。ラップで包んで冷蔵室で30分以上冷やし、好みの厚さに切って器に盛り、みかんを飾る。

きんかんのマリネ

材料 (作りやすい分量)
きんかん …… 200g
はちみつ …… 40g

1 きんかんはよく洗って1〜2㎜厚さの
 輪切りにし、種をとり除く (A)。

2 バットに並べ、はちみつをかける (B)。
 ラップをかけて冷蔵室で3時間以上冷
 やす。

＊冷蔵室で5日ほど保存できる。

はちみつをかけて、おいておくだけ。お教室でも大人気。

きんかんのシャーベット

材料（作りやすい分量）
きんかんのマリネ（p.146 参照）……100g
砂糖 …… 50g
水 …… 150ml

1　きんかんのマリネ、砂糖、水をブレン
　　ダーまたはミキサーにかけ、ピュレ状
　　にする（A）。

2　バットやボウルに入れ、ラップをかけ
　　て冷凍室に2時間入れる。固まってき
　　たらフォークや泡立て器でかくはんし
　　（B）、再び冷凍室に入れる。

3　2の作業を2〜3回くり返し、最後はゴ
　　ムべらでなめらかになるまでよく練る。

4　スプーンやディシャーで器に盛り、き
　　んかんのマリネ（分量外）を飾る。

＊アイスクリーマーに入れて固めれば、よりなめらかに
　仕上がる。

マリネをたくさん作ったときに。口直しやデザートにも。

コンポートを作ってから、生クリームと合わせてムースに仕上げます。

きんかんのムース

材料(直径7.5cmのプリン型5個分)

[コンポート]

きんかん …… 120g

砂糖 …… 40g

水 …… 250㎖

レモン汁 …… 小さじ1

板ゼラチン …… 5g

冷水 …… 適量

生クリーム …… 120㎖

準備

・ ゼラチンは冷水に浸し、やわらかくなったら
水気を絞り(p.165参照)、ボウルに入れる。

1 コンポートを作る。きんかんはよく洗って半分に切り、種をとる。

2 鍋に砂糖と水を入れて中火にかけ、沸騰したらきんかんとレモン汁を加え、落としぶたをして弱火で10分ほど煮る。火を止め、そのまま煮汁につけて冷ます(A)。

3 汁ごとブレンダーまたはミキサーにかけてピュレ状にし、250gを計量する。

4 ゼラチンの入ったボウルを湯せんにかけて溶かし、3を少しずつ加えてゴムべらで混ぜる(B)。

5 生クリームは八分立てにし(p.164参照)、4に2回に分けて加え、泡立て器で混ぜる(C、D)。

6 型に流し入れ(E)、ラップをかけて冷蔵室で4時間以上冷やし固める。

7 型ごとぬるま湯に2〜3秒つけて温め、逆さにして型からはずし、器に盛る。あればコンポート(分量外)を飾る。

＊コンポートはそのまま食べてもおいしいので、多めに作っておくのがおすすめ。

口に入れるとカシャという音が聞こえる、軽やかなお菓子。

メレンゲシャンティイ

材料（5×3.5cmの楕円6個分）

[メレンゲ]

> 卵白 …… 40g（1個分）
>
> 砂糖（あればグラニュー糖）…… 50g

生クリーム …… 100ml

いちごなど好みの果物 …… 適量

準備

・絞り出し袋に丸口金をつけ、コップなどに入れて上部を折り返す（p.165参照）。

・天板にオーブンペーパーを敷く。

・オーブンを120度に予熱する。

1 メレンゲを作る。ボウルに卵白を入れ、砂糖を5～6回に分けて少しずつ加えながらハンドミキサーの高速で泡立てる（A）。

2 しっかりと角が立つようになったら、低速にして5分ほど、砂糖が溶けきるまでしっかりと泡立てる（B）。指でさわって砂糖が溶けきっているかを確認するとよい（C）。

3 丸口金をつけた絞り出し袋に入れ、天板に5×3.5cmの楕円に絞る（全部で12個）（D）。120度のオーブンで1時間30分焼き、網の上で冷ます。

4 いちごは洗って水気をきり、へたをとって小さく切る。

5 生クリームは八分立てにし（p.164参照）、星形口金をつけた絞り出し袋に入れてメレンゲの上にぐるぐると絞り出し（E）、もう1枚ではさむ（F）。器に盛り、いちごをのせる。

＊3で絞り出さず、アーモンドメレンゲ（p.113参照）のようにスプーンですくって焼いてもよい。生クリームも絞らずスプーンでのせても。

生のりんごを巻き込んだ、オーストリアのお菓子。作る工程も楽しい。

アップルシュトゥルーデル

材料（長さ25㎝1台分）

[シュトゥルーデル生地]

　薄力粉 …… 30g

　強力粉 …… 30g

　ぬるま湯（人肌程度）…… 35㎖

　サラダ油（あれば米油）…… 小さじ2

　塩 …… ひとつまみ

打ち粉（強力粉）…… 適量

りんご（ふじ、紅玉など）…… 1個

砂糖 …… 大さじ2

シナモンパウダー …… 小さじ1/4

スポンジ生地（p.12参照）…… 50g

＊リッチなパン（ブリオッシュやロールパンがおす
　すめ）を細かくほぐしたものでもよい。

バター（食塩不使用）…… 適量

準備

・途中でオーブンを220度に予熱する。

・バターは湯せんにかけて溶かし、冷めないよ
　うに温めておく（p.165参照）。

・りんごは皮をむいて8等分のくし形に切り、芯
　をとってさらに3㎜厚さに切る。ボウルに入
　れ、砂糖とシナモンパウダーを加えて混ぜる。

1　ボウルに薄力粉と強力粉を合わせてふるい入れる。

2　別の小さなボウルにぬるま湯を入れ、サラダ油と塩を加えて泡
　立て器で混ぜる。

3　1に2を加え、ゴムべらで混ぜる。全体がなじんだら打ち粉を
　して台にのせ、手のひらのつけ根で押し出すようにして5分こ
　ねる（A）。つるりとした表面になったら、丸くまとめてラップ
　で包み、冷蔵室で4時間以上休ませる。

4　台にのせたふきんに多めに打ち粉をして3をのせ、めん棒で20
　×25㎝くらいに伸ばす。両手の甲に生地をのせ、生地を広げな
　がらさらに薄く伸ばす（B）。ときどき上下を返し、生地の向き
　を90度かえ、25×30㎝くらいになったらふきんにのせる。形
　を整え、溶かしたバターを刷毛でぬる。

5　りんごの汁気を絞り、スポンジ生地を手で細かくくずして加え、
　混ぜる。4に手前7㎝をあけて1列に並べ（C）、手前の生地を
　りんごにかぶせ、ふきんごと持ち上げて転がすように巻く（D）。
　オーブンペーパーにそっと転がしてのせ、天板にすべらせるよ
　うに移す。

6　上面にバターを刷毛でぬり、220度のオーブンで20分焼く。焼
　き上がったら、再びバターをぬる。好みの厚さに切って器にの
　せ、好みで泡立てた生クリームを添える。

卵白をぬって砂糖をふりかけると、表面がカリッとするところも好き。

スパイスビスケット

材料(直径4.5㎝ 20枚分)

バター(食塩不使用)…… 60g

砂糖(あればきび砂糖)…… 40g

塩 …… ひとつまみ

卵黄 …… 1個分

薄力粉 …… 120g

ミックススパイス(チャイ用)…… 小さじ½
＊なければシナモンパウダーで。

牛乳 …… 小さじ2

オレンジピール …… 20g

レーズン …… 20g

打ち粉(あれば強力粉)…… 適量

卵白 …… 1個分

グラニュー糖 …… 適量

準備

・バターと卵黄は室温に戻す。

・オレンジピールとレーズンは大きさをそろえ
　て細かく刻む(A)。

・途中でオーブンを170度に予熱する。

1 ボウルにバターを入れてゴムべらで練
　り、砂糖と塩を加えてよく混ぜる。

2 卵黄を加えて混ぜ、薄力粉とミックス
　スパイスを合わせてふるい入れ(B)、
　ポロポロになるまで混ぜる。

3 牛乳を加えて混ぜる。オレンジピール
　とレーズンを加えて混ぜ(C)、全体が
　なじんだらひとまとめにする。打ち粉
　をして台にのせ、手のひらのつけ根で
　押し出すようにしてこねる。

4 ラップで包み、冷蔵室で1時間休ませる。

5 打ち粉をしながら再びこね、ラップを敷いた上にのせ、めん棒
　で3㎜厚さにのばす。ラップをかけ、冷蔵室で1時間休ませる。

6 型で抜き(D)、残った生地は丸めて平らにつぶし、フォークで
　空気穴をあける。天板に並べ、170度のオーブンで8分焼く。一
　度とり出し、上面に溶きほぐした卵白を刷毛でぬり、グラニ
　ュー糖をふる(E)。オーブンに戻し入れてさらに8分焼き、網の
　上で冷ます。

フルーツの洋酒漬けとドレンチェリーがクリスマス気分を盛り上げます。

フルーツケーキ

材料（18×8×深さ6cmのパウンド型1台分）

バター（食塩不使用）…… 80g

砂糖（あればきび砂糖）…… 70g

卵 …… 1個

卵黄 …… 1個分

薄力粉 …… 80g

ベーキングパウダー …… 小さじ1/2

[フルーツの洋酒漬け] …… 150g

　ドライプルーン、ドライいちじく、
　　ドライアプリコット、レーズン、
　　ドライクランベリー（A）…… 各50g

　オレンジピール（A）…… 25g

　バニラビーンズ …… 5cm

　はちみつ …… 25g

　ラム酒、キルシュ …… 各75ml

ドレンチェリー …… 11個

＊フルーツの洋酒漬けは作りやすい分量。合計の
　重さが同じなら、ドライフルーツは手に入るも
　のでOK。

準備

・ フルーツの洋酒漬けを作る。レーズンとクランベリーは湯通しをして汚れをとり、よくふいて乾かす。プルーン、いちじく、アプリコット、オレンジピールはレーズンと大きさをそろえて刻む。バニラビーンズはさやに切り込みを入れて種をとり出し、はちみつと混ぜる。ラム酒とキルシュは鍋に入れ、一度沸騰させる。すべての材料を保存びんに入れ、冷暗所に1週間以上おく（B）。

・ バター、卵、卵黄は室温に戻す。

・ 型にオーブンペーパーを型よりも少し高くなるように敷く（p.165参照）。

・ オーブンを170度に予熱する。

1　ボウルにバターを入れて泡立て器でやわらかいクリーム状になるまで混ぜ、砂糖を加える。

2　ふんわりと空気を含んで白っぽくなるまで混ぜ、溶きほぐした卵と卵黄を3〜4回に分けて加え、そのつどよく混ぜる。

3　薄力粉とベーキングパウダーを合わせてふるい入れ、ゴムべらでなめらかになるまで混ぜる。フルーツの洋酒漬けを汁気をきり、150gを軽量して加え、混ぜ合わせる（C）。

4　型に半量を流し入れてスプーンの背で表面を平らにし、ドレンチェリーを並べる（D）。残りの生地を流し入れて平らにし、170度のオーブンで表面の割れ目に焼き色がつくまで45分焼く。

5　型からはずして網の上で冷まし、あら熱がとれたらオーブンペーパーをはがし、冷めてから切り分ける。

A

B

C

D

生地もクリームも作りやすさが特徴。溶かしたチョコで文字を描けば、クリスマスケーキにも。

チョコレートとくるみのケーキ

材料（底のとれる直径15㎝の丸型1台分）

[チョコレートスポンジ生地]

　卵 …… 2個

　砂糖 …… 60g

　薄力粉 …… 50g

　ココア …… 大さじ1

　バター (食塩不使用) …… 10g

　サラダ油 (あれば米油) …… 小さじ2

ミルクチョコレート (製菓用) …… 90g

生クリーム …… 大さじ2

牛乳 …… 大さじ2

生クリーム …… 270㎖

くるみ …… 20g

飾り用のクッキー、くるみ、

　　ドライクランベリー、

　　ミルクチョコレート …… 各適量

＊クッキーはp.35の型抜きクッキーの材料に
　ココア少々を加え、同様に焼く。

準備

・オーブンを170度に予熱する。

・くるみは天板に広げ、170度に予熱したオー
　ブンで8分焼き、細かく刻む。

1　p.12の**1〜5**を参照してスポンジ生地を作る。ココアは薄力粉と合わせてふるい入れる（A）。170度のオーブンで25〜30分焼き、冷めたら型からはずして1㎝厚さ4枚に切る(上部は余る)（B）。

2　チョコレートは細かく刻んでボウルに入れる。生クリーム大さじ2と牛乳を鍋に入れて弱火で温め、チョコレートに加えて溶かす（C）。

3　生クリーム270㎖を少しずつ加えて泡立て器でよく混ぜ、$\frac{1}{3}$量を別のボウルに移し(コーティング用)、冷蔵室で冷やす。残りの生クリームは八分立てにする(サンド用)(p.164参照)。

4　スポンジ1枚の上面にサンド用のクリームをぬり、くるみの$\frac{1}{3}$量を並べ（D）、スポンジ1枚をのせる。これを2回くり返し、軽く押してなじませる。側面にも残ったクリームをぬり、すき間を埋める。

5　コーティング用のクリームを冷蔵室からとり出して六分立てにし、**4**の上面にかけ（E）、パレットナイフできれいにぬり広げ、すじをつける。クッキー、くるみ、クランベリーを飾る。溶かしたチョコレートを市販のコルネ袋に入れ、文字を描く。

A

B

C

D

E

ゆったり気分であずきを煮る、そんな冬の一日が好きです。

ゆであずき

材料(作りやすい分量)

あずき …… 300g

砂糖 …… 180g

塩 …… 少々

準備

・あずきは洗って鍋に入れ、たっぷりの水に一晩浸す。

1 あずきを浸した鍋を中火にかけ、沸騰したら弱火にして5分ゆでる。ざるにあげて水気をきり、鍋に戻し入れてたっぷりの水を加えて同様にゆでる。

2 1の作業を2〜3回くり返し、たっぷりの水を加えて弱火で1時間ほど煮る。

3 十分にやわらかくなったら砂糖を加え(A)、好みのかたさに煮詰める。冷めるとかたくなるので、少しゆるめで火を止める(B)。仕上げに塩を加える(甘みが引き立つ)。

＊ここでは砂糖は少なめなので、あまり甘くない。甘いのが好みの人は、あずきと同量の砂糖で作るとよい。

あずきを煮たら、次の日はどらやき。ほうじ茶にはゆずの皮を浮かべて。

生どらやき

材料(直径7㎝6個分)

[どらやきの皮]

卵 …… 1個

砂糖 …… 40g

はちみつ …… 10g

水 …… 35㎖

ベーキングソーダ …… 小さじ¼

薄力粉 …… 70g

ゆであずき (p.161 参照) …… 80 ～ 120g

生クリーム …… 60㎖

サラダ油 …… 少々

準備

・ 水とベーキングソーダを混ぜる。

1　どらやきの皮を作る。ボウルに卵、砂糖、はちみつを入れ、ハンドミキサーの高速で泡立てる。ふんわりとボリュームが出てきたら低速にし、すくったときにリボン状になるまで泡立てる。

2　水と合わせたベーキングソーダを加え、泡立て器で混ぜる。薄力粉をふるいながら加えて混ぜ、ラップをかけて室温で30分休ませる。

3　フライパン (フッ素樹脂加工) を弱火にかけてサラダ油を薄くひき、2を直径7㎝くらいに流し入れる (全部で12枚)。ふたをして両面を焼く (A)。

4　生クリームは八分立てにし (p.164 参照)、ゆであずきを加えて混ぜ合わせる。皮にのせ、もう1枚ではさむ (B)。

基本のテクニック この本でよく使う基本のテクニックです。

生クリームを泡立てる

1
ボウルに生クリームを入れ、氷水の入ったボウルに底を当てる。ハンドミキサーの中速で大きく回しながら全体を泡立てる。

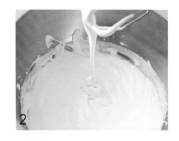

2
六分立て。すくったときに細くとろとろと落ちるような状態。

3
八分立て。すくったときに角がゆるやかにおじぎする状態。

4
九分立て。すくったときにツンと角が立つ状態。泡立てすぎると分離するので注意する。

メレンゲを作る

1
ボウルに卵白と砂糖を入れる。

2
ハンドミキサーの中速で大きく回しながら全体を泡立てる。

3
すくったときに角が立つまで泡立てる。

4
羽根をはずし、手で羽根を持って全体を大きく混ぜ、キメを整えるとよい。

板ゼラチンの扱い方

1

バットなどに冷水を入れ、板ゼラチンを浸す。2枚使うときは1枚ずつ入れる。

2

5分ほどおいてゼラチンがやわらかくなったら、手で水気をぎゅっと絞ってから使う。

バターを湯せんにかける

フライパンに湯を沸かし、火を止める。バターの入ったボウルの底を当ててバターを溶かし、使うまでそのまま温めておく。

バターを室温に戻す

バターやクリームチーズは使う30分くらい前に（季節や室温によって違う）冷蔵室から出す。ゴムべらがすっと入るくらいが目安。

絞り出し袋の使い方

絞り出し袋に口金をつけ、コップなどに入れて袋の上部を折り返し、生地やクリームを入れる。

オーブンペーパーの敷き方

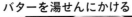

パウンド型

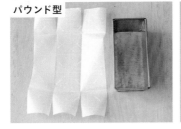

オーブンペーパーは型の深さよりも1cmほど高くなるように用意する。型の底と側面に合わせて折り、側面の折り目に沿って切り込みを入れ、型に敷き込む。

天板

オーブンペーパーは二重にし（ペーパーはつなげたまま）、天板の深さよりも少し高くなるように用意する。四隅に切り込みを入れ、天板に敷き込む。

道具　私が使っている主な道具を紹介します。

はかり

1g 単位まではかれるデジタルスケールが便利。

計量スプーン

大さじ1 = 15㎖、小さじ1 = 5㎖。あれば小さじ1/2 = 2.5㎖も。すりきりではかる。

計量カップ

容量200〜250㎖くらいのものをひとつ用意する。

ボウル

大中小3種類くらいのボウルがあると便利。

泡立て器

ひとつ持つならば、長さ25㎝くらいのものを。

ゴムべら

鍋で混ぜるときにも使える耐熱のものがおすすめ。

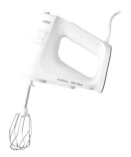

ハンドミキサー

卵や生クリームを泡立てたり、メレンゲを作るときに。

万能こし器

粉をふるうのにはもちろん、プリンの生地をこすときにも使う。

パレットナイフ

長さ25cmくらいのものがクリームをぬるときに作業しやすい。

カード

練りパイ生地を刻むときに使う。スポンジシートを平らにするときにも便利。

ゼスター

レモンやゆずなどかんきつ類の皮をおろすときに使う。なければおろし金で。

めん棒

直径3cm×長さ45cmくらいのものが生地をのばしやすい。

のし台

生地をのばすときなどに使う。大きめのまないたでも。

重石（おもし）

タルト生地を作るときに、生地がふくれ上がらないようにのせて焼くもの。

フードプロセッサー

シャーベットを作るときなど、凍った果物をピュレ状にするときに使う。ミキサーでも。

ブレンダー

食材をピュレ状にするときに。凍ったものには対応しないものが多いので注意。

バット

型として使うほか、休ませた生地をのせたり、いろいろ使える。

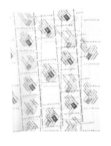

オーブンペーパー

型や天板に敷いて使う、シリコン樹脂加工が施してある紙。

材料 この本のレシピでよく使う基本の材料です。

薄力粉

お菓子作りに幅広く使われる小麦粉。手に入れば国産薄力粉を。

強力粉

パイ生地や水分の多いケーキなどに使うほか、生地をのばすときに打ち粉としても使用。

全粒粉

小麦のふすまや胚芽をとり除かずに粉にしたもの。薄力粉タイプを。

上新粉

さっくりと仕上げたいとき、薄力粉といっしょに使う。

アーモンドパウダー

アーモンドを砕いて粉末にしたもの。香ばしい仕上がりになる。

ベーキングパウダー

膨張剤。手に入ればアルミニウムの入っていないものを。

ベーキングソーダ

重曹。ふくらませる力が強いので、水分の多いどらやきなどの生地に。

ドライイースト

手軽な顆粒のドライイーストを使用。

上白糖

一般的な白砂糖。特に指定のない場合、上白糖かグラニュー糖で。

グラニュー糖

結晶が細かく、精製度の高い砂糖。すっきりとした甘さが特徴。

粉糖

粉末の砂糖。混ざりやすいので、クッキーやタルト生地などに。

きび砂糖

素朴な焼き菓子などに、風味とコクをつけたいときに使用。

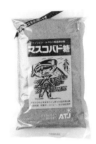

黒砂糖

サトウキビから作る黒褐色の砂糖。独特のうまみがある。

和三盆

クッキーやタルト生地などに入れると、上品で風味豊かな味に仕上がる。

はちみつ

アカシアやみかんなど、くせのないものがおすすめ。

塩

溶けやすい粉末のものを。加えることで、味が引きしまって甘みが引き立つ。

卵

この本では、Lサイズ（正味55〜60g）を使用。鮮度のよいものを。

サラダ油（米油）

酸化しにくく、さっぱりと仕上がる米油を。なければサラダ油で。

バター（食塩不使用）

食塩の入っていないものを使う。

牛乳

加工されていない、新鮮なものを選ぶ。

プレーンヨーグルト

なめらかで脂肪分のあまり高くないものを。

生クリーム

乳脂肪分40～47％の動物性のものを使用。濃厚でコクがある。

クリームチーズ

くせがなくて、さっぱりと仕上がる国産のものがおすすめ。

ココア

お菓子作りには、砂糖やミルクの入っていないものを選ぶ。

製菓用チョコレート

カカオ分やミルク成分の割合によって、ミルク、セミスイートなどの種類がある。粒状のタブレットタイプなら、刻む手間が省けて便利。

製菓用ホワイトチョコレート

カカオマスを使用せずに、カカオバターやミルク、砂糖などから作られた白いチョコ。製菓用のものを。

バニラビーンズ

さやの中の小さな黒い種を出して、さやと種の両方を使う。

豆乳

成分無調整のものを選ぶ。ドーナツやシフォンケーキなどに使用。

ココナッツミルクパウダー

ココナッツミルクを粉末にしたもの。少量でも使えるので便利。

ナッツ

くるみ、ピスタチオ、ヘーゼルナッツなど好みのもので、生タイプを。ピスタチオは殻から出して使う。

スパイス

左からミックススパイス（チャイ用）、シナモン。粉末のものを。

板ゼラチン

板ゼラチンは水に浸してから使う。粉ゼラチンの場合は、同量のゼラチンを3〜4倍の水でふやかして使う。

粉寒天

粉末状の寒天。水分といっしょに火にかけ、溶かして使う。

アガー

海藻の抽出物から作られる。ゼラチンに比べて透明感が高く、常温で固まるのが特徴。

ラム酒

サトウキビを原料とする蒸留酒。香りのよいものを選ぶ。

リキュール

左からアマレット、フランボワーズ、キルシュ。好みのもので。

食材別インデックス

おもな調理法別インデックス

お菓子・撮影・スタイリング・イラスト
本間節子
ほんませつこ

お菓子研究家、日本茶インストラクター。
自宅で少人数のお菓子教室「atelier h（アトリエ・エイチ）」を主宰。季節感と食材の味を大切にした、毎日食べても体にやさしいお菓子を提案している。お菓子に合う飲み物、お茶にも造詣が深い。雑誌や書籍でのレシピ提案、日本茶イベントや講習会など幅広く活動している。著者に『日本茶のさわやかスイーツ』『あたらしくておいしい日本茶レシピ』（世界文化社）、『ほうじ茶のお菓子』『やわらかとろけるいとしのゼリー』（主婦の友社）ほか多数ある。
http://www.atelierh.jp/
instagram:@hommatelierh

デザイン **渡部浩美**	編集 **小出かがり**（リトルバード）
プロセス撮影 **佐山裕子**（主婦の友社）	編集担当 **東明高史**（主婦の友社）
校正 **荒川照実**	

お菓子をつくる　季節を楽しむ82レシピ
かし　きせつ　たの

2021年4月10日　第1刷発行
2023年6月20日　第4刷発行

著　者	本間節子 ほんませつこ
発行者	平野健一
発行所	株式会社主婦の友社

〒141-0021
東京都品川区上大崎3-1-1 目黒セントラルスクエア
電話（編集）03-5280-7537（販売）03-5280-7551

印刷所　大日本印刷株式会社

・本書の内容に関するお問い合わせ、また、印刷・製本など製造上の不良がございましたら、主婦の友社（電話03-5280-7537）にご連絡ください。
・主婦の友社が発行する書籍・ムックのご注文は、お近くの書店か主婦の友社コールセンター（電話0120-916-892）まで。
＊ お問い合わせ受付時間　月〜金（祝日を除く）9：30〜17：30
主婦の友社ホームページ　https://shufunotomo.co.jp/

※この本は『まいにちのお菓子づくり』の増補改訂版です。